Classiques & Contemporains

W0368173

Rudyard Kipling

Histoires comme ça

Choix d'histoires

Traduit de l'anglais par

Robert d'Humières et Louis Fabulet

Présentation, notes, questions et après-texte établis par

Laurence Sudret

professeure de Lettres

MAGNARD

Sommaire

Après-texte

RUDYARD KIPLING

Rudyard Kipling est l'un de ces auteurs dont la vie pourrait servir de base à un roman à succès. Rien en effet ne semble banal dans la biographie de cet auteur qui devint célèbre très jeune.

Né en Inde, en 1865, de parents anglais, il vécut à Bombay jusqu'à ses six ans. Puis il revint en Angleterre avec sa petite sœur Alice pour poursuivre sa scolarité à Portsmouth. Jusqu'en 1877, il fut pris en charge par une famille d'accueil au sein de laquelle il connut des moments difficiles (sentiment d'abandon et cruauté de la maîtresse de maison). Par la suite, en 1882, il retourna en Inde pour travailler dans un petit journal local de Lahore, la *Civil & Military Gazette*. Ce fut pour lui un excellent entraînement pour écrire et publier de très nombreuses nouvelles et se former ainsi à son futur métier de romancier.

En 1889, il s'embarqua pour un long voyage en Indonésie, en Chine, au Japon et enfin aux États-Unis, qu'il visita avec enthousiasme avant de revenir en Angleterre et de connaître le succès avec quelques nouvelles et son premier roman : *La lumière qui s'éteint* (1891). Pour soigner une dépression, il partit pour l'Afrique du Sud, l'Australie et la Nouvelle-Zélande. Ces voyages aux quatre coins du globe nourriront ses écrits d'un exotisme tout à fait nouveau.

En 1892, il épousa la sœur d'un de ses amis défunts et s'installa aux États-Unis. Cette même année naîtra Joséphine, sa fille aînée, qu'il aura la douleur de perdre d'une pneumonie en 1899.

C'est pour elle qu'il écrit les *Histoires comme ça* en 1902. Elle est la « Mieux Aimée » si souvent apostrophée par le narrateur et elle restera à jamais la « petite fille » de Kipling, car il faut lire ces nouvelles comme la déclaration d'affection d'un père à sa fille chérie, à qui il raconte des histoires pour la distraire. La forme du conte permet en outre à l'écrivain de s'amuser en multipliant les jeux de mots et les fantaisies stylistiques.

L'originalité des contes de Kipling réside essentiellement, en effet, dans une écriture très ludique et dans un cadre dépaysant pour l'Européen de l'époque qui se trouve projeté en plein océan, au cœur du continent africain, ou bien encore à l'origine de l'humanité, lorsque l'homme commençait à se sédentariser : voyage géographique ou temporel, tout est réuni dans ces contes étiologiques[1] qui nous font découvrir pourquoi la baleine ne mange que de tout petits poissons, pourquoi l'homme est entouré d'animaux domestiques, pourquoi certains animaux ont des silhouettes particulières…

Kipling reçut le prix Nobel de littérature en 1907 et mourut en 1936 à Londres. Si, aujourd'hui, cet incroyable auteur est surtout connu comme le père de Mowgli, héros du *Livre de la jungle* (1894) et du *Second Livre de la jungle* (1895), ce recueil nous donne l'heureuse occasion de nous rappeler que nous avons beaucoup à découvrir de ce grand auteur.

1. Étiologique, du grec, « recherche des causes ». Un conte étiologique veut donner une explication improbable à un phénomène réel.

Rudyard Kipling

Histoires comme ça

La Baleine et son gosier[1]

Il y avait une fois, ô ma Mieux Aimée, il y avait dans la mer une Baleine, et qui mangeait les poissons.

Elle mangeait le mulet et le carrelet, le merlan et le poisson-volant, le turbot et le maquereau[2], l'anguille, sa fille et toute sa famille qu'a la queue en vrille[3].

Tous les poissons qu'elle pouvait attraper dans toute la mer, elle les mangeait avec sa bouche – comme ça !

Jusqu'à ce qu'enfin il ne restât plus qu'un seul petit poisson dans toute la mer, et c'était un petit Poisson-plein-d'astuce, et il se tenait en nageant juste derrière l'oreille droite de la Baleine, crainte de malentendu.

Alors la Baleine se dressa debout sur sa queue et dit :

– J'ai faim.

Et le petit Poisson-plein-d'astuce dit d'une petite voix pleine d'astuce également :

– Noble et généreux Cétacé[4], as-tu jamais goûté de l'Homme ?

– Non, dit la Baleine, à quoi ça ressemble ?

– C'est bon, dit le petit Poisson-plein-d'astuce. Bon, mais plein d'arêtes.

– Alors, cherche-m'en, dit la Baleine.

---

1. Gorge.
2. Différentes sortes de poissons.
3. En forme d'hélice.
4. Mammifère marin.

Et elle fit écumer[1] la mer en la fouettant de sa queue.

– C'est assez d'un pour commencer, dit le petit Poisson-plein-d'astuce. Si tu nages jusqu'à 50° de latitude[2] Nord et 40° de longitude[3] Ouest (ça, c'est de la magie), tu trouveras, sur un radeau, au milieu de l'eau, avec rien sur le dos, rien qu'une paire de culottes[4] en droguet[5] bleu et des bretelles (faut pas oublier les bretelles, Mieux Aimée), et son couteau de matelot, tu trouveras un Nautonier[6] naufragé, lequel, il est juste de t'en prévenir, est un homme d'infinie-ressource[7]-et-sagacité[8].

Sur quoi la Baleine s'en fut, nageant nageras-tu, jusqu'au numéro 50 de latitude Nord et 40 de longitude Ouest, et là, sur un radeau, au milieu de l'eau, sans rien sur le dos, qu'une paire de culottes en droguet bleu, une paire de bretelles (faut surtout pas oublier les bretelles, Mieux Aimée), et son couteau de matelot, elle trouva un Nautonier naufragé, tout solitaire et tout esseulé[9], qui se tortillait les doigts de pied dans l'eau salée.

(Sa m'man lui avait permis de faire ça, sans quoi jamais il n'aurait osé, rapport que[10] c'était un homme d'infinie-ressource-et-sagacité).

---

1. Former comme une mousse blanchâtre à la surface.
2. Coordonnée géographique indiquant la distance par rapport à l'équateur en remontant le long d'un méridien.
3. Coordonnée géographique indiquant la position est-ouest sur le globe. Le point de référence est le méridien de Greenwich.
4. Pantalon.
5. Étoffe de laine de mauvaise qualité.
6. Personne qui conduit un bateau.
7. Débrouillardise.
8. Intelligence.
9. Totalement seul.
10. Parce que.

Alors la Baleine ouvrit la bouche grande, grande, grande, comme si elle allait se fendre jusqu'à la queue, et elle avala le Nautonier naufragé, avec son radeau, sa culotte de droguet bleu, ses bretelles (n'oublie pas !) et son couteau de matelot.

Elle serra tout bien au chaud dans les placards tout noirs de son petit intérieur, et puis elle fit claquer sa langue – comme ça, et tourna trois fois sur sa queue.

Mais aussitôt que le Nautonier, lequel était un homme d'infinie-ressource-et-sagacité, se trouva pour de bon au chaud dans le fin fond des placards tout noirs du ventre de la Baleine, il se mit à danser et valser, à frapper et taper, à rogner[1] et cogner, à tordre et à mordre, à bondir et mugir[2], à ramper et saper[3], à moudre et découdre[4], à choir[5] et s'asseoir, à gueuler et piler, à exécuter des gigues[6] aux endroits qu'il ne fallait pas, si bien que la Baleine ne se sentit pas du tout heureuse. (Pas oublier les bretelles !...)

De sorte qu'elle dit au Poisson-plein-d'astuce :

– Cet homme a beaucoup d'arêtes. En outre, il me donne le hoquet. Que faut-il faire ?

– Dis-lui de sortir, dit le Poisson-plein-d'astuce.

Là-dessus la Baleine cria dans son propre gosier au Nautonier naufragé :

– Sortez et tâchez de vous tenir. J'ai le hoquet.

---

1. Tailler.
2. Ici, crier avec fureur.
3. Creuser.
4. Frapper.
5. Tomber.
6. Danses anciennes très rapides.

– Point, point, dit le Nautonier. Pas comme ça, mais bien au contraire. Ramène-moi à ma rive natale et aux blanches falaises d'Albion[1], et puis on verra.

Et il se remit à danser pire que jamais.

– Il vaut mieux le ramener chez lui, dit le Poisson-plein-d'astuce à la Baleine. J'aurais dû vous avertir que c'est un homme d'infinie-ressource-et-sagacité.

Donc, la Baleine s'en fut, nageant nageras-tu, si vite qu'elle put, des nageoires et de la queue, malgré son hoquet ; et enfin elle aperçut la rive natale du Nautonier et les blanches falaises d'Albion, et elle s'échoua, la moitié du corps sur la grève[2], ouvrit la bouche grande, grande, grande et dit :

– Tout le monde descend pour Winchester, Ashuelot, Nashua, Keene[3] et toutes les stations de la ligne de *Fitch*burg[4] !

Et juste comme elle disait « Fitch », le Nautonier sortit.

Or, tandis que la Baleine nageait, le Nautonier, car c'était, en vérité, une personne d'infinie-ressource-et-sagacité, avait pris son couteau de matelot et taillé le radeau en forme de petit grillage carré en bouts de bois croisés, et il l'avait attaché avec ses bretelles. (Maintenant tu sais pourquoi il fallait se rappeler les bretelles !) Et il avait traîné ce grillage en travers du gosier de la Baleine, où il resta fiché[5].

---

1. Ancien nom de la Grande-Bretagne.
2. Bord de mer ou de rivière.
3. Villes des États-Unis.
4. Ville du comté de Worcester dans le Massachusetts.
5. Planté et coincé.

Ça n'était pas une chose à faire, mais ce Nautonier était aussi un Hi-ber-ni-en d'Hibernie[1].

Il sortit ensuite, les mains dans les poches, sur les galets et s'en retourna chez sa Mère qui lui avait donné la permission de tortiller ses doigts de pied dans l'eau salée ; et il se maria et eut beaucoup d'enfants.

La Baleine aussi.

Mais, depuis ce jour-là, le grillage qu'elle avait dans le gosier et qu'elle n'a jamais pu faire sortir en toussant, ni descendre en avalant, l'empêche de rien manger que des petits, tout petits poissons et c'est la raison pourquoi les baleines d'aujourd'hui ne mangent jamais d'hommes, de garçons, ni de petites filles.

Le petit Poisson-plein-d'astuce alla se cacher dans la vase, sous le pas[2] des Portes de l'Équateur. Il avait peur que la Baleine fût fâchée contre lui.

Le Marin rapporta son couteau à la maison. Il avait la culotte de droguet bleu en mettant le pied sur les galets de la grève, les mains dans ses poches. Les bretelles, il les avait laissées, vois-tu, pour attacher le grillage avec.

Et c'est la fin de cette histoire-là.

---

1. Ancien nom de l'île d'Irlande.
2. Seuil.

Le Rhinocéros et sa peau

Or il y avait une fois, dans une île déserte des bords de la mer Rouge[1], un Parsi[2] dont le bonnet reflétait les rayons du soleil avec une splendeur-plus-qu'orientale. Et ce Parsi vivait au bord de la mer Rouge sans rien de plus que son bonnet et son couteau, et un fourneau de cuisine, de l'espèce à laquelle il ne faut jamais toucher.

Un jour il prit de la farine, de l'eau, des raisins, du sucre, etc., et se confectionna un gâteau qui avait deux pieds[3] de large et trois[4] d'épaisseur. C'était positivement un comestible[5] superlatif (ça, c'est de la magie), et il le mit dans le four, parce qu'on lui permettait, à lui, de se servir de ce four, et le fit cuire, cuire jusqu'à ce qu'il fût à point et sentît bon.

Mais au moment où il allait le manger, voici que descendit à la grève[6], sortant des Déserts Inhabités de l'Intérieur, un Rhinocéros avec une corne sur le nez, deux petits yeux de cochon et peu de manières. En ce temps-là, la peau du Rhinocéros lui allait tout juste et collait partout. Elle ne faisait de plis nulle part.

---

1. Mer séparant l'Afrique du Nord du Moyen-Orient.
2. Personne de l'Inde, adepte de la religion de Zoroastre.
3. 65 cm environ.
4. 98 cm environ.
5. Qui se mange.
6. Bord de mer ou de rivière.

Il ressemblait tout à fait à un Rhinocéros d'arche de Noé, mais en beaucoup plus gros, naturellement.

Tout de même, il n'avait déjà pas de manières, pas plus qu'il n'a de manières aujourd'hui, ni qu'il en aura jamais.

Il dit : « Quoi ! » et le Parsi lâcha son gâteau et grimpa jusqu'en haut d'un palmier, vêtu seulement de son bonnet d'où les rayons du soleil se reflétaient toujours avec une splendeur-plus-qu'orientale.

Le Rhinocéros renversa le four, et le gâteau roula sur le sable, et le Rhinocéros l'empala[1] sur la corne de son nez et il le mangea, puis s'en alla en remuant la queue et regagna les Déserts Désolés et Totalement Inhabités de l'Intérieur, qui touchent aux îles de Mazanderan[2], Socotra[3], et aux Promontoires de l'Équinoxe Majeur[4].

Alors le Parsi descendit de son palmier, remit le four sur pieds et récita le *Sloka*[5] suivant, lequel, puisque vous ne le connaissez pas, je vais avoir l'avantage de rapporter :

Toujours il en cuit
À l'imprudent qui
Chipe les biscuits
Par le Parsi cuits.

---

1. Ici, enfonça.
2. Province du nord de l'Iran.
3. Île du Yémen.
4. Nom probablement inventé.
5. Prière indienne.

Ce qui voulait en dire bien plus long que vous ne sauriez croire.

Pourquoi ?

Parce que, cinq semaines plus tard, il y eut une vague de chaleur dans la mer Rouge et tout le monde ôta tous les habits qu'il avait sur le dos.

Le Parsi ôta son bonnet ; mais le Rhinocéros enleva sa peau et la jeta sur son épaule comme il descendait se baigner dans la mer.

Dans ce temps-là, elle se boutonnait par-dessous, au moyen de trois boutons, et ressemblait à un waterproof[1].

Il ne fit aucune remarque au sujet du gâteau du Parsi, parce qu'il l'avait tout mangé et que jamais il n'a eu de manières, ni n'en aura maintenant ou plus tard. Il se mit à barboter[2] dans l'eau et à souffler des bulles par le nez. Il avait laissé sa peau sur le bord.

Bientôt le Parsi arrive et trouve la peau et sourit, d'un sourire qui lui fit deux fois le tour de la figure. Puis il dansa trois fois autour de la peau et se frotta les mains.

Ensuite, il alla à son camp et emplit son bonnet de gâteau, car le Parsi ne mangeait jamais autre chose que du gâteau et ne balayait jamais son camp.

Il prit la peau, et il secoua la peau, et il racla la peau, et il l'incrusta[3] de vieilles miettes sèches de gâteau qui grattent et de quelques raisins brûlés, tant et tant qu'il y eut moyen. Puis

---

1. Manteau imperméable.
2. Ici, s'amuser.
3. Piqua, garnit.

il remonta dans son palmier et attendit que le Rhinocéros sortît de l'eau et remît sa peau.

Ce qu'il fit.

Il boutonna les trois boutons, et ça le chatouilla comme des miettes dans un lit. Alors il voulut se gratter et ça devint pire ; alors, il se coucha sur les sables et se roula, se roula, se roula, et chaque fois qu'il se roulait, les miettes le démangeaient dix fois plus. Alors, il courut au palmier et se frotta, se frotta et se refrotta contre. Il frotta tant et si fort que sa peau fit un grand pli sur les épaules et un autre pli dessous, là où il y avait les boutons (mais les boutons avaient sauté à force d'être frottés), et il fit d'autres plis tout autour des pattes.

Son humeur se gâta, mais c'était bien égal aux miettes. Elles restaient sous sa peau et le démangeaient très fort.

De sorte qu'il rentra chez lui très en colère et se grattant tout du long ; et depuis ce jour, tous les rhinocéros ont la peau qui fait de grands plis, et un mauvais caractère ; tout ça, à cause des miettes qu'il y a dessous.

Mais le Parsi descendit de son palmier, avec, sur la tête, son bonnet d'où les rayons du soleil se reflétaient avec une splendeur-plus-qu'orientale, emballa le fourneau et s'en alla dans la direction d'Orotavo[1], d'Amygdala[2], des Hautes Prairies d'Anantarivo[3] et des Marais de Sonaput[4].

1. Ville située sur l'île de Ténérife.
2. Nom probablement inventé.
3. Autre nom de Tananarive, capitale de Madagascar.
4. Nom probablement inventé qui fait écho à Sonapur, en Inde.

Le Léopard et ses taches

Il faut que tu saches, Mieux Aimée, qu'aux jours où tout commençait, le Léopard habitait un pays nommé le Haut-Veldt[1]. Se rappeler que ce n'était pas le Bas-Veldt, ni le Veldt de la Brousse, ni le Veldt des Lacs Amers, mais bien le Haut-Veldt tout nu, brûlant et brillant, rien qu'en sable, en rochers couleur de sable, et en touffes d'herbe jaunâtre et sablonneuse[2] ; c'est tout. Là, vivaient la Girafe et le Zèbre, l'Élan et le Koodoo[3], avec le Hartebeest[4] ; et ils étaient tous jaune-brun et sablonneux de la tête aux pieds ; mais le Léopard, c'était le plus 'sclusivement[5] jaune-brun et sablonneux de tous – comme qui dirait une espèce de gros chat gris et jaune – et, à un poil près, il ne se distinguait pas de la couleur jaunâtre, grisâtre et brunâtre du Haut-Veldt.

Ce qui était contrariant pour la Girafe, le Zèbre et les autres ; car il se tapissait[6] contre touffe ou caillou 'sclusivement rouge-brun-gris-jaune, et quand passaient la Girafe ou le Zèbre ou l'Élan ou le Koodoo ou le Bush-Buck ou le Bonte-Buck[7], il les surprenait soudain, si fort qu'ils ne s'en remettaient pas. Parole !

---

1. Terme désignant une région sauvage et étendue en Afrique du Sud.
2. Couverte de sable.
3. Sorte d'antilope rayée (aussi orthographié « Kudu »).
4. Animal de la famille de l'antilope.
5. Mis pour « exclusivement ».
6. Se cachait en se faisant tout petit.
7. Animaux de la famille de l'antilope (Bonte-Buck aussi orthographié « Bontebok »).

Et, de même, il y avait un Éthiopien[1] avec des arcs et des flèches (un 'sclusivement gris-brun-jaune de bonhomme que c'était alors) qui vivait sur le Haut-Veldt avec le Léopard ; et ils chassaient ensemble – l'Éthiopien avec ses flèches, le Léopard avec ses griffes et ses dents – à tel point que Girafe, Élan, Koodoo, Quagga[2] et le reste ne savaient plus sur quel pied sauter, Mieux Aimée. Parole !

Après très longtemps – les bêtes vivaient indéfiniment dans ces jours-là – ils apprirent à éviter tout ce qui ressemblait à un Léopard ou à un Éthiopien ; et peu à peu – la Girafe commença parce qu'elle avait les plus longues jambes – ils s'en allèrent du Haut-Veldt.

Ils cheminèrent des jours et des jours avant d'arriver à une grande forêt, 'sclusivement remplie d'arbres, de buissons, et tachetée, rayée, bigarrée[3] d'ombres. Ils s'y cachèrent et, après très longtemps, à force de se tenir moitié dans l'ombre et moitié pas, et sous l'ombrage dansant, glissant et cabriolant[4] des arbres, voilà que la Girafe devint tachetée et le Zèbre rayé et l'Élan et le Koodoo plus foncés avec des petites lignes grises ondulées sur le dos ; de sorte que si on pouvait les entendre et les sentir, les voir c'était beaucoup moins facile, à moins de savoir au juste où regarder.

Ils étaient très contents parmi les ombres bariolées[5] de la

1. Originaire d'Éthiopie.
2. Animal proche du zèbre (aussi orthographié « Couagga »).
3. Aux couleurs vives.
4. Faisant des bonds.
5. De couleurs multiples pas très bien assorties.

forêt, tandis que le Léopard et l'Éthiopien couraient les plateaux gris-brun-jaune du Haut-Veldt, en se demandant où étaient passés leurs dîners, leurs déjeuners et leurs goûters.

Bientôt ils eurent si faim qu'ils mangèrent des rats, des cafards et des lapins de rochers, ce Léopard et cet Éthiopien, et alors ils eurent le Gros Mal au Ventre tous deux à la fois ; et enfin ils rencontrèrent Baviaan[1] – le Babouin aboyeur à tête de chien – qui est tout à fait le plus sage animal de toute l'Afrique du Sud.

Léopard dit à Baviaan (il faisait très chaud) :

– Où est parti le gibier ?

Baviaan cligna de l'œil. Ça, il savait.

L'Éthiopien dit à Baviaan :

– Pourriez-vous m'indiquer le présent habitat de la Faune aborigène[2] ?

(Ça veut dire la même chose : mais l'Éthiopien se servait toujours de mots qui n'en finissent pas. C'était une grande personne.)

Baviaan cligna de l'œil. Ça, il savait.

Alors, Baviaan dit :

– Le gibier est ailleurs. Tu peux le trouver. Tâche. Mon avis, Léopard ? C'est une question de tache.

Et l'Éthiopien dit :

– Tout ça est très joli, mais je désire connaître où a émigré la Faune aborigène.

---

1. Nom d'une espèce de babouin.
2. Qui est originaire d'un pays.

Alors, Baviaan dit :

– La Faune aborigène a rejoint la Flore aborigène, parce qu'il n'était que temps pour elle de changer. Mon avis, Éthiopien ? Change, au plus tôt.

Ce discours embarrassa le Léopard et l'Éthiopien ; mais ils partirent à la recherche de la Flore aborigène, et voici qu'après bien des jours ils virent une grande, haute et vaste forêt pleine de troncs d'arbres, et 'sclusivement hachée, tachée, tachetée, marquée, sabrée, barrée et bigarrée d'ombres. (Dites ça tout haut et vite, et vous verrez ce qu'il devait y avoir d'ombres dans la forêt.)

– Qu'est ceci ? dit le Léopard. Il fait noir et c'est pourtant tout plein de petits morceaux de lumière.

– Je ne sais pas, dit l'Éthiopien. Mais ça doit être la Flore aborigène. Je sens la Girafe, j'entends la Girafe, mais je ne peux pas la voir.

– Ça, c'est curieux, dit le Léopard. Sans doute, parce que nous sortons du grand soleil. Je sens le Zèbre, j'entends le Zèbre, mais je ne peux pas le voir.

– Attends un peu, dit l'Éthiopien. Il y a longtemps que nous les avons chassés. Peut-être avons-nous oublié à quoi ils ressemblent.

– Et ta sœur ! dit le Léopard. Je me rappelle très bien comme ils étaient sur le Haut-Veldt, surtout quant à leur os à moelle. La Girafe a dix-sept pieds[1] de haut et sa robe est 'sclusivement d'un riche jaune d'or de la tête aux pieds ; et le

1. 5,4 mètres environ.

Zèbre a quatre pieds et demi[1] de haut et la robe gris beige de la tête aux pieds.

– Hum ! dit l'Éthiopien en plongeant l'œil parmi les ombres bariolées de la forêt des Flores aborigènes. Dans ce cas, ils devraient ressortir sur tout ce noir, comme des bananes mûres dans un four.

Mais ça n'était pas ça du tout. Le Léopard et l'Éthiopien chassèrent toute la journée, et bien qu'ils pussent les entendre et les sentir, les voir ils ne pouvaient pas.

– Pour l'amour du ciel, dit le Léopard vers l'heure du thé, attendons qu'il fasse nuit. C'est un scandale que cette chasse en plein jour.

Ils attendirent donc la nuit, et alors le Léopard entendit quelque chose qui soufflait dans le clair des étoiles que rayaient d'ombres les branches, et il sauta sur le bruit : cela sentait comme Zèbre, cela remuait comme Zèbre, mais il ne pouvait pas le voir. De sorte qu'il dit :

– Ne bouge pas, ô individu sans couleur ni forme ; je vais rester assis sur ton cou jusqu'à l'aube, parce qu'il y a quelque chose en toi que je ne comprends pas.

Tout à coup grognement, choc, bruit d'échauffourée[2] et l'Éthiopien cria :

– J'ai attrapé une chose que je ne peux pas voir. Cela sent comme Girafe et cela rue[3] comme Girafe, mais cela n'a aucune forme du tout.

---

1. 1,4 mètre environ.
2. Bagarre.
3. Lance violemment ses pattes arrière en l'air.

– Méfie-toi, dit le Léopard. Reste assis sur son cou jusqu'à l'aube ; fais comme moi. Rien ne semble avoir de forme par ici.

À l'aube claire, le Léopard dit :

– Qu'as-tu à ton bout de table, Frère ?

L'Éthiopien se gratta la tête et dit :

– Ça devrait être 'sclusivement d'un riche jaune d'or, jaune de la tête aux pieds, et ça devrait être Girafe ; mais c'est tout couvert d'empreintes marron. Et toi, qu'as-tu à ton bout de table, Frère ?

Le Léopard se gratta la tête et dit :

– Ça devrait être 'sclusivement d'un fauve tirant sur le gris perle et ça devrait être Zèbre ; mais c'est tout couvert de bandes noires et rouges. Que diable t'es-tu amusé à te faire, Zèbre ? Ne sais-tu pas que, sur le Haut-Veldt, je te verrais à dix miles ? Tu n'as pas de forme.

– Oui, dit le Zèbre, mais ici ce n'est pas le Haut-Veldt... N'y voyez-vous pas ?

– Si, à présent ; mais, depuis hier, je n'y vois goutte[1]. Comment ça se fait-il ?

– Laissez-nous nous lever, dit Zèbre, et nous vous montrerons.

Ils laissèrent le Zèbre et la Girafe se lever, et Zèbre se dirigea vers des buissons nains où le soleil jetait des ombres hachées, et Girafe vers les arbres assez hauts, où la lumière tombait en taches.

– Attention, maintenant ! dirent le Zèbre et la Girafe. Voilà

---

1. Rien.

comment c'est fait. Un – Deux – Trois ! Ousqu'est[1] votre déjeuner ?

Léopard écarquilla les yeux, et l'Éthiopien de même, mais sans rien voir de plus que des ombres rayées et des ombres tachetées dans le sous-bois ; mais pas trace de Zèbre ni de Girafe. Ils s'en étaient allés, tout bonnement, se cacher parmi les ombres de la forêt.

– Hi ! hi ! dit l'Éthiopien, voilà un tour qui en vaut la peine. Profites-en, Léopard. Tu ressors sur ce fond sombre comme un savon blanc dans un seau à charbon.

– Ho ! ho ! dit le Léopard. Cela t'étonnerait-il beaucoup de savoir que tu as l'air, sur ce fond noir, d'un sinapisme[2] sur un ramoneur[3] ?

– Ça n'avancera pas le dîner de se donner des vilains noms, dit l'Éthiopien. Le fin de la chose, c'est que nous ne sommes pas assortis à nos fonds de tableau. Je vais suivre le conseil de Baviaan. Il m'a dit de changer ; et comme je n'ai rien sur moi que je puisse changer, excepté ma peau, je vais changer ça.

– En quelle couleur ? dit le Léopard, prodigieusement intéressé.

– Un petit brun foncé, garanti à l'usage, avec un peu de violet et du bleu ardoise aux bons endroits. Tout ce qu'il faut pour se cacher dans les creux et derrière les arbres.

Là-dessus, il changea sa peau, en moins de temps qu'il ne

1. Mis pour « Où est ».
2. Sorte de pansement ou cataplasme à base de farine de moutarde.
3. Celui qui nettoie les cheminées.

faut pour le dire, et le Léopard devint plus intéressé que jamais, car il n'avait jamais vu un homme changer de peau auparavant.

– Et moi ? dit-il.

Quand l'Éthiopien eut introduit son dernier petit doigt dans sa belle peau neuve toute noire :

– Suis aussi l'avis de Baviaan. Il t'a parlé de taches.

– Oui, et je n'ai pas compris.

– Il voulait dire des taches sur ta peau, dit l'Éthiopien.

– À quoi ça sert ? dit le Léopard.

– Pense à Girafe, dit l'Éthiopien. Ou si tu aimes mieux les rayures, pense à Zèbre. Ils sont très contents, eux, de leurs raies[1] et de leurs taches.

– Hum ! dit le Léopard. Je ne voudrais pas ressembler à Zèbre, pas pour rien au monde.

– Eh bien, décide-toi, dit l'Éthiopien, parce que ça me déplairait de chasser sans toi ; mais il le faudra, si tu persistes à ressembler à un tournesol contre une palissade au coaltar[2].

– Va pour des taches, donc, dit le Léopard ; mais pas trop grandes. C'est commun[3]. Je ne voudrais pas ressembler à Girafe, pas pour rien au monde.

– Je vais les faire du bout des doigts, dit l'Éthiopien. Il reste assez de noir sur ma peau pour cela. Amène-toi.

Alors l'Éthiopien mit ses cinq doigts ensemble (il restait encore beaucoup de noir qui n'avait pas séché sur sa peau

1. Rayures.
2. Goudron.
3. Ordinaire.

neuve), et il en appuya le bout partout sur le Léopard, et chaque fois que les cinq doigts appuyaient, ils laissaient cinq petites marques noires tout près les unes des autres.

On peut les voir sur la peau de n'importe quel Léopard, Mieux Aimée. Quelquefois, les doigts glissaient et les marques se brouillaient ; mais les cinq taches y sont toujours, sur tous les Léopards.

– Oh ! qu'il est beau ! dit l'Éthiopien. Maintenant, tu peux t'étendre sur le sol nu et te faire prendre pour un tas de pierraille. Tu peux te vautrer[1] sur les rochers nus et on dirait un bloc de glaise à cailloux. Tu peux t'allonger le long d'une branche feuillue et paraître comme du soleil qui filtre parmi les feuilles ; et tu peux te coucher en plein travers d'un chemin et ressembler à rien du tout. Pense à ça et fais ronron !

– Mais si je suis toutes ces choses, pourquoi ne t'es-tu pas habillé en taches aussi ?

– Oh ! tout noir, c'est mieux pour un nègre[2], dit l'Éthiopien. Maintenant, en route et voyons voir à reprendre la partie avec M. Un-Deux-Trois. Ousqu'est-mon-déjeuner ?

Puis ils s'en allèrent et vécurent heureux ensuite, Mieux Aimée, pour toujours. Voilà tout.

---

1. Rouler.
2. Noir. À cette époque, ce terme n'était pas péjoratif.

L'Enfant d'Éléphant

Imagine-toi qu'au temps jadis, l'Éléphant, ô Mieux Aimée, n'avait pas de trompe. Il n'avait qu'un nez noiraud, courtaud[1], gros comme une botte, qu'il pouvait tortiller de droite et de gauche, mais pas ramasser des choses avec.

Or, il y avait un Éléphant – un Éléphant tout neuf – un Enfant d'Éléphant – plein d'une insatiable[2] curiosité ; cela veut dire qu'il faisait toujours un tas de questions. Et il demeurait en Afrique, et il remplissait toute l'Afrique de ses insatiables curiosités. Il demanda à sa grande tante l'Autruche pourquoi les plumes de sa queue poussaient comme ça ; et sa grande tante l'Autruche le cogna de sa dure, dure patte. Il demanda à son gros oncle l'Hippopotame pourquoi il avait les yeux rouges ; et son gros oncle l'Hippopotame le cogna de son gros, gros pied. Il demanda à sa maigre tante la Girafe pourquoi elle avait la peau tachetée, et sa maigre tante la Girafe le cogna de son dur, dur sabot ; et il demanda à son oncle poilu le Babouin pourquoi les melons avaient ce goût-là, et son oncle poilu le Babouin le cogna du revers[3] de sa main poilue. Il posait des questions à propos de tout ce qu'il voyait, entendait, éprouvait[4], sentait et touchait, et tous ses oncles et

---

1. Très court.
2. Qui ne cesse jamais, qui n'est jamais satisfaite.
3. Dos par opposition à paume.
4. Ressentait.

tantes le cognaient ; ce qui ne l'empêchait pas de rester plein d'une insatiable curiosité.

Un beau matin, au milieu de la Précession des Équinoxes[1], cet insatiable Enfant d'Éléphant fit une belle question qu'il n'avait jamais faite encore. Il demanda :

– Qu'est-ce que le Crocodile mange pour dîner ?

Là-dessus, tout le monde lui dit : « Chut ! » à haute et terrible voix, et on se mit à le cogner sans perdre une minute ni s'arrêter pendant longtemps.

Un peu plus tard, quand ce fut fini, il tomba sur l'oiseau Kolokolo perché dans un buisson d'épines, et il dit :

– Mon père m'a cogné et ma mère m'a cogné ; tous mes oncles et tantes m'ont cogné de même pour mon insatiable curiosité ; n'empêche que je veux savoir ce que le Crocodile a pour dîner !

Alors l'oiseau Kolokolo dit, avec un cri lamentable :

– Va sur les rives du grand fleuve Limpopo[2]. Il est comme de l'huile, gris-vert et tout bordé d'arbres à fièvre[3]. Cherche là !

Dès le matin suivant, comme il ne restait plus rien des Équinoxes, cet insatiable Enfant d'Éléphant prit cent livres[4] de bananes (de la petite espèce courte et rouge), cent livres de canne à sucre (de la longue espèce violette) et dix-sept melons (de l'espèce verte craquelée[5]), et dit à tous les siens :

---

1. Mouvement allant en arrière. L'équinoxe est le moment où la durée du jour et celle de la nuit sont égales.
2. Fleuve d'Afrique du Sud.
3. Autre nom de l'eucalyptus.
4. Cinquante kilogrammes environ.
5. Dont l'écorce ou la peau est craquée par endroits.

– Au revoir ; je vais au grand fleuve Limpopo qui est comme de l'huile, gris-vert et tout bordé d'arbres à fièvre, pour savoir ce que le Crocodile mange pour dîner.

Et tous le cognèrent en chœur une fois de plus pour lui porter chance, bien qu'il les priât le plus poliment du monde de n'en rien faire.

Puis il s'en alla, un peu congestionné[1], mais pas étonné du tout, tout en mangeant des melons dont il semait l'écorce, parce qu'il ne pouvait pas la ramasser.

Il alla de Graham's Town à Kimberley, et de Kimberley au pays de Khama, et du pays de Khama il marcha Nord-Nord-Est, mangeant des melons tout le temps jusqu'à ce que, à la fin, il arrivât aux berges du grand fleuve Limpopo qui est comme de l'huile, gris-vert et tout bordé d'arbres à fièvre, exactement comme avait dit l'oiseau Kolokolo.

Or, il te faut savoir et comprendre bien, Mieux Aimée, que jusqu'à cette semaine, ce jour, cette heure et cette minute-là, cet insatiable Enfant d'Éléphant n'avait jamais vu de Crocodile ni ne savait comment c'était fait. Tout ça, c'était son insatiable curiosité.

La première chose qu'il trouva fut un Serpent-Python-Bicolore[2]-de-Rocher, enroulé autour d'un rocher.

– Fait'xcuse, dit l'Enfant d'Éléphant avec la plus grande politesse ; mais auriez-vous vu rien qui ressemble à un Crocodile dans ces parages circonvoisins[3] ?

---

1. Couvert de bleus.
2. De deux couleurs.
3. Tout autour.

– Si j'ai vu un Crocodile ? s'écria le Serpent-Python-Bicolore-de-Rocher d'un ton de mépris écrasant. Qu'est-ce que vous allez me demander encore, après cela ?

– Fait'xcuse, dit l'Enfant d'Éléphant, mais auriez-vous la bonté de me dire ce qu'il mange pour dîner ?

Là-dessus, le Serpent-Python-Bicolore-de-Rocher se détortilla très vite du rocher et cogna l'Enfant d'Éléphant de son écailleuse[1] et fouettante queue.

– C'est drôle dit l'Enfant d'Éléphant, car mon père et ma mère, ainsi que mon oncle et ma tante, sans parler de mon autre tante, la Girafe, et de mon autre oncle, le Babouin, m'ont cogné tous pour mon insatiable curiosité – et je pense qu'ici c'est la même chose.

De sorte qu'il prit congé[2] avec la plus grande politesse du Serpent-Python-Bicolore-de-Rocher, après l'avoir aidé à se reboudiner autour de son rocher ; puis continua, un peu congestionné, mais pas étonné du tout, mangeant des melons dont il semait l'écorce, parce qu'il ne pouvait pas la ramasser, jusqu'à ce qu'il posât le pied sur ce qu'il prit pour une souche[3] au bord même du grand fleuve Limpopo qui est comme de l'huile, gris-vert et tout bordé d'arbres à fièvre.

Mais c'était bel et bien le Crocodile, ô Mieux Aimée, et le Crocodile cligna d'un œil – comme ceci !

– Fait'xcuse, dit l'Enfant d'Éléphant avec la plus grande

---

1. Couverte d'écailles.
2. Dit au revoir.
3. Base du tronc d'un arbre.

politesse, mais vous serait-il arrivé de voir un Crocodile dans ces parages circonvoisins ?

Là-dessus, le Crocodile cligna de l'autre œil et souleva à demi sa queue hors de la vase ; et l'Enfant d'Éléphant se recula avec la plus grande politesse, car il n'avait pas envie d'être cogné de nouveau.

– Viens çà[1], petit, dit le Crocodile ; pourquoi fais-tu de ces questions-là ?

– Fait'xcuse, dit l'Enfant d'Éléphant avec la plus grande politesse, mais mon père m'a cogné, ma mère m'a cogné, sans parler de ma grande tante l'Autruche, de mon gros oncle l'Hippopotame, de ma tante la Girafe qui rue si fort, ni de mon oncle poilu le Babouin, sans oublier le Serpent-Python-Bicolore-de-Rocher, à l'écailleuse et fouettante queue, là-bas au tournant de la berge, qui cogne plus fort que tout le monde ; c'est pourquoi, si cela ne vous faisait rien, j'aimerais mieux ne plus être cogné pour aujourd'hui.

– Viens çà, petit, dit le Crocodile, car le Crocodile, c'est moi.

Et il versa des larmes de Crocodile pour montrer qu'il disait vrai.

Alors l'Enfant d'Éléphant en eut l'haleine coupée et, tout soufflant, s'agenouilla sur la berge[2] et dit :

– Vous êtes la personne même que je cherche depuis de si

1. Ici.
2. Bord relevé de la rivière.

longs jours. Voudriez-vous, s'il vous plaît, me dire ce que vous mangez pour dîner ?

– Viens çà, petit, dit le Crocodile, et je vais te le dire à l'oreille.

Alors l'Enfant d'Éléphant approcha sa tête tout près de la gueule dentue[1] et musquée[2] du Crocodile, et le Crocodile le happa[3] par son petit nez, lequel, jusqu'à cette semaine, ce jour, cette heure et cette minute-là, n'était pas plus grand qu'une botte.

– Je crois, dit le Crocodile – et il dit cela entre ses dents –, je crois qu'aujourd'hui je commencerai par de l'Enfant d'Éléphant.

À ces mots, ô Mieux Aimée, l'Enfant d'Éléphant se sentit fort ennuyé, et il dit, en parlant du nez comme ceci :

– Laissez-boi aller ! Fous be faides bal !

Alors le Serpent-Python-Bicolore-de-Rocher descendit la berge dare-dare et dit :

– Mon jeune ami, si vous ne tirez pas dès maintenant, sur-le-champ, aussi fort que vous pouvez, j'ai grand'peur que ce vieil ulster[4] de cuir à grands carreaux vous précipite en ce courant limpide[5], en moins de temps qu'il n'en faut pour dire « Ouf ! ».

Alors l'Enfant d'Éléphant s'assit sur ses petites hanches et tira, tira, tira encore, tant et si bien que son nez commença de s'allonger. Et le Crocodile s'aplatit dans l'eau qu'à grands

1. Pleine de dents.
2. À l'odeur forte.
3. Attrapa.
4. Pardessus, manteau.
5. Clair et transparent.

coups de queue il fouettait comme de la crème, et lui aussi tira, tira, tira.

Et le nez de l'Enfant d'Éléphant continuait à s'allonger ; et l'Enfant d'Éléphant se cala de toutes ses quatre petites pattes et tira, tira, tira encore, et son nez continuait toujours à s'allonger ; et le Crocodile godilla de la queue comme d'un aviron[1], et lui aussi tira, tira, tira encore, et, à chaque effort, le nez de l'Enfant d'Éléphant s'allongeait de plus en plus – et cela lui faisait grand mal.

Puis l'Enfant d'Éléphant sentit ses pieds glisser, et il dit, en parlant du nez, ce nez qui avait maintenant près de cinq pieds[2] de long :

– C'est drop. Je n'y diens blus !

Alors le Serpent-Python-Bicolore-de-Rocher descendit sur la berge et se noua en deux demi-clefs[3] autour des jambes de derrière de l'Enfant d'Éléphant, et dit :

– Voyageur téméraire[4] et dépourvu[5] d'expérience, nous allons maintenant donner pour de bon un peu de haute pression, parce que, autrement, j'ai dans l'idée que ce cuirassé[6] à hélice et pont blindé que voilà va compromettre[7] irréparablement[8] votre brillant avenir.

---

1. Utilisa sa queue comme une godille, rame placée à l'arrière d'un bateau.
2. 1,6 mètre.
3. Nœuds marins, particulièrement solides.
4. Courageux et imprudent.
5. Sans.
6. Navire de guerre blindé.
7. Empêcher.
8. Définitivement, sans espoir de retour en arrière.

Alors il tira, et l'Enfant d'Éléphant tira, et le Crocodile tira ; mais l'Enfant d'Éléphant et le Serpent-Python-Bicolore-de-Rocher tirèrent le plus fort ; et, à la fin, le Crocodile lâcha le nez de l'Enfant d'Éléphant avec un *plop* qu'on entendit du haut en bas du fleuve Limpopo.

Alors l'Enfant d'Éléphant s'assit raide et dur ; mais il commença par dire « Merci » au Serpent-Python-Bicolore-de-Rocher ; et fut gentil ensuite pour son pauvre nez qu'il enveloppa tout du long d'une compresse de feuilles de bananier fraîches et laissa pendre au frais dans le grand fleuve Limpopo qui est comme de l'huile et gris-vert.

– Pourquoi faites-vous ça ? dit le Serpent-Python-Bicolore-de-Rocher.

– Fait'xcuse, dit l'Enfant d'Éléphant, mais mon nez est vilainement déformé et j'attends qu'il reprenne son galbe[1].

– Alors tu attendras longtemps, dit le Serpent-Python-Bicolore-de-Rocher. Il y a des gens qui ne connaissent pas leur bonheur.

L'Enfant d'Éléphant resta là trois jours assis, attendant que son nez diminue. Mais ce nez ne diminuait pas et même il le faisait loucher. Car, ô Mieux Aimée, tu as saisi et compris que le Crocodile, à force de tirer, en avait fait bel et bien une trompe, telle que tous les Éléphants portent aujourd'hui.

Vers la fin du troisième jour, une mouche vint, qui le piqua sur l'épaule ; et avant de savoir ce qu'il faisait, il leva sa trompe et tua cette mouche.

1. Ici, forme initiale.

– 'Vantage numéro UN, dit le Serpent-Python-Bicolore-de-Rocher. Tu n'aurais jamais pu faire ça avec un simple petit tronçon[1] de nez. Essaye de manger un peu, maintenant.

Avant de se rendre compte de ce qu'il faisait, l'Enfant d'Éléphant étendit sa trompe et arracha un gros paquet d'herbe, en épousseta les racines contre ses jambes de devant, et se le tassa dans la bouche.

– 'Vantage numéro DEUX ! dit le Serpent-Python-Bicolore-de-Rocher. Tu n'aurais jamais pu faire ça avec un simple petit tronçon de nez. Ne trouves-tu pas que le soleil tape dur ici ?

– C'est vrai, dit l'Enfant d'Éléphant.

Et, avant de se rendre compte de ce qu'il faisait, il cueillit une motte de vase sur la berge du grand fleuve Limpopo et se l'appliqua sur la tête, où ça lui fit une belle casquette fraîche qui lui dégoulinait derrière les oreilles.

– 'Vantage numéro TROIS ! dit le Serpent-Python-Bicolore-de-Rocher. Tu n'aurais jamais pu faire cela avec un simple petit tronçon de nez. Maintenant, si on te cognait, qu'est-ce que tu dirais ?

– Fait'xcuse, dit l'Enfant d'Éléphant, mais cela ne me plairait pas du tout.

– Est-ce que ça te dirait de cogner quelqu'un ? dit le Serpent-Python-Bicolore-de-Rocher.

– Ma foi, cela me plairait assez, dit l'Enfant d'Éléphant.

– Eh bien, dit le Serpent-Python-Bicolore-de-Rocher,

1. Morceau.

tu trouveras ce nouveau nez que tu as là fort utile pour cogner les gens.

– Merci ! dit l'Enfant d'Éléphant. Je m'en souviendrai ; et maintenant, je crois que je vais rentrer à la maison rejoindre mon excellente famille et tâcher voir[1].

C'est ainsi que l'Enfant d'Éléphant retourna chez lui à travers l'Afrique, en jouant et folâtrant[2] avec sa trompe. Quand il voulait manger des fruits, il les cueillait à l'arbre, au lieu d'attendre qu'ils tombent, comme il faisait auparavant. Quand il voulait de l'herbe, il l'arrachait du sol, au lieu de se traîner sur les genoux comme il faisait auparavant. Quand les mouches le piquaient, il cassait une branche d'arbre et s'en servait en guise de chasse-mouches ; et il se collait une casquette de boue neuve, fraîche et dégoulinante, lorsque le soleil tapait. Quand il s'ennuyait de marcher seul à travers l'Afrique, il se chantait des airs dans sa trompe et ça faisait du bruit comme plusieurs fanfares. Il s'écarta de sa route afin de trouver un hippopotame (ce n'était pas un parent) et le cogna de toute sa force pour s'assurer que le Serpent-Python-Bicolore-de-Rocher avait dit vrai en parlant de sa nouvelle trompe.

Par un soir tout noir, il rejoignit son excellente famille et, sa trompe roulée, il dit :

– Comment vous portez-vous ?

1. Essayer de voir (sous-entendu, ce que cela donne).
2. S'amusant.

Ils furent très contents de le revoir, et immédiatement répondirent :

– Viens ici qu'on te cogne pour ton insatiable curiosité.

– Peuh ! dit l'Enfant d'Éléphant. Je crois, mes braves gens, que vous n'y connaissez rien pour la chose de cogner ; quant à moi, c'est différent. Vous allez voir.

Alors il déroula sa trompe et jeta deux de ses parents cul par-dessus tête[1].

– Oh ! sac à bananes ! dirent-ils, où as-tu appris ce coup-là, et qu'est-ce qui est arrivé à ton nez ?

– Le Crocodile, qui demeure sur les berges du grand fleuve Limpopo, lequel est comme de l'huile et gris-vert, m'en a fait cadeau d'un neuf, dit l'Enfant d'Éléphant. Je lui ai demandé ce qu'il avait pour dîner, et il m'a donné ça comme souvenir.

– C'est vilain, dit son oncle poilu le Babouin.

– Peut-être, dit l'Enfant d'Éléphant, mais pourtant c'est commode.

Et, saisissant son oncle poilu le Babouin par une jambe, il le déposa dans un nid d'abeilles.

Alors ce méchant Enfant d'Éléphant se mit à cogner toute son excellente famille tant et plus, au point qu'ils finirent par avoir très chaud et à se sentir fort étonnés. Il arracha à sa grande tante l'Autruche les plumes de sa queue ; il prit son autre tante la Girafe par une jambe de derrière et la traîna par un buisson d'épines ; il fit des peurs à son oncle l'Hippopotame en lui souf-

---

1. Renversa par terre.

flant des bulles dans l'oreille, pendant qu'il faisait la sieste dans l'eau ; mais il ne laissa personne toucher à l'oiseau Kolokolo.

À la fin, cela chauffa tellement que toute sa chère famille partit à la queue leu leu vers les berges du grand fleuve Limpopo qui est comme de l'huile, gris-vert et tout bordé d'arbres à fièvre, pour faire au Crocodile l'emprunt de nouveaux nez. Quand ils revinrent, personne ne cogna plus personne ; et c'est depuis ce jour-là, Mieux Aimée, que tous les éléphants que tu verras, sans parler de tous ceux que tu ne verras pas, ont des trompes exactement semblables à la trompe de l'insatiable Enfant d'Éléphant.

La Complainte du petit père Kangourou

Non, point toujours ne fut le Kangourou tel qu'on le voit aujourd'hui, car c'était une Tout Autre Bête à quatre courtes pattes. Il était gris, laineux et d'orgueil immodéré[1] ; il dansait sur une crête, au milieu de l'Australie, et il alla trouver le Petit Dieu Nqa.

Il alla trouva Nqa à six heures du matin, disant :

– Fais-moi différent de toutes les autres bêtes avant cinq heures de l'après-midi.

Nqa sauta en l'air, d'assis qu'il était sur un plateau de sable, et cria : « Va-t'en ! »

Toujours gris, laineux et d'orgueil immodéré, Kangourou dansait sur un rebord de rocher, au milieu de l'Australie, puis alla trouver le Moyen Dieu Nquing.

Il alla trouver Nquing à huit heures du matin, disant :

– Fais-moi différent de toutes les autres bêtes et très populaire aussi par-dessus le marché, avant cinq heures de l'après-midi.

Nquing sauta en l'air, de couché qu'il était dans son trou parmi les spinifex[2], et cria : « Va-t'en ! »

Toujours gris, laineux et d'orgueil immodéré, Kangourou

1. Exagéré.
2. Plantes fréquentes en Australie.

dansait sur une dune, au milieu de l'Australie, puis alla trouver le Grand Dieu Nqong.

Il alla trouver Nqong à dix heures du matin et lui dit :

– Fais-moi différent de toutes les autres bêtes ; rends-moi populaire et très couru[1] avant cinq heures de l'après-midi.

Nqong sauta en l'air, de couché qu'il était dans son bain du marais salant, et cria : – Je m'en charge !

Nqong héla[2] Dingo – Dingo Chien Jaune – couleur de poussière au soleil et qui a toujours faim. Il lui montra Kangourou et dit :

– Dingo ! Attention, Dingo ! Vois-tu ce Monsieur qui danse sur la dune. Il veut être populaire et couru. Dingo, je t'en charge.

Dingo sauta en l'air – Dingo Chien Jaune – et dit :

– Quoi ! ça ? ce chat de lapin ?

Dare-dare fila Dingo – Dingo Chien Jaune – qui a toujours faim – avec sa gueule en seau à charbon – sur les talons de Kangourou. Dare-dare fila le fier Kangourou sur ses quatre pattes, comme un lapin.

Et voilà, Mieux Aimée, la première moitié de l'histoire.

Il fila par le désert, il fila par les montagnes, il fila par les salines[3], il fila par les grands joncs[4], il fila sous les spinifex, il fila

---

1. Recherché.
2. Appela.
3. Lieux où l'on fabrique le sel.
4. Roseaux.

sous les gommiers[1] bleus, il fila si vite que les pattes de devant lui en cuisaient[2].

Il fallait bien !

Et toujours filait Dingo – Dingo Chien Jaune – qui a toujours faim et qui rit comme un piège à rats – sans perdre ni gagner – sur les talons de Kangourou.

Il fallait bien !

Et toujours courait Kangourou – Petit Père Kangourou. Il courut par les arbres Ti[3] ; il courut par la mulga[4] ; il courut sur l'herbe longue ; il courut sur l'herbe courte ; il courut par-dessus les tropiques du Capricorne et du Cancer[5], si vite que lui en cuisaient les pattes de derrière.

Il fallait bien !

Toujours suivait Dingo – Dingo Chien Jaune – qui avait de plus en plus faim – avec sa gueule en collier de bourrique[6] – sans gagner ni perdre.

Et ils arrivèrent à la rivière Wollgong.

Or il n'y avait ni pont ni bac[7], et Kangourou ne savait pas comment passer ; alors, il se mit debout sur les pattes de derrière et sauta.

---

1. Eucalyptus.
2. Faisaient mal à force de chauffer.
3. Ti-tree, sorte de myrte, plante formant des buissons épais.
4. Végétation caractéristique de l'Australie.
5. Lignes imaginaires parallèles à l'équateur, au sud pour le premier et au nord pour le second.
6. Ânesse.
7. Bateau à fond plat permettant la traversée d'un cours d'eau.

Il fallait bien !

Il sauta comme un Kangourou. Un mètre d'abord, puis trois, puis cinq, tandis que ses pattes s'allongeaient et devenaient plus fortes. Il n'avait pas le temps de se reposer ni de boire, mais l'envie ne lui en manquait pas.

Toujours suivait Dingo – Dingo Chien Jaune – qui ne comprenait pas du tout et qui avait très faim, tout en se demandant ce qui, diable, pouvait faire sauter Petit Père Kangourou de la sorte. Car il sautait comme un criquet, comme un pois dans une poêle ou comme une balle neuve sur un plancher.

Il fallait bien !

Il troussa[1] ses pattes de devant ; il sauta sur ses pattes de derrière ; il étendit sa queue toute droite en arrière pour former contrepoids et il sauta par-dessus les dunes du Darling et les déserts d'Australie.

Il fallait bien !

Toujours courait Dingo – Chien vanné[2] Dingo – qui avait de plus en plus faim et comprenait de moins en moins, et se demandait quand, diable, Petit Père Kangourou aurait l'idée de s'arrêter.

Alors s'en vint Nqong, sortant du bain dans le marais salant et disant : « Il est cinq heures. »

Sur son derrière s'assit Dingo – Pauvre Chien Dingo – qui a toujours faim – couleur de poussière au soleil – qui tira la langue et fit : « Hou-ou ! »

---

1. Courba en dedans.
2. Très fatigué.

Sur son derrière s'assit Kangourou – Petit Père Kangourou – la queue toute droite sous lui, en escabeau[1] à traire les vaches, et dit :

– Dieu merci, voilà qui est fini !

Alors dit Nqong, qui est toujours bien élevé :

– Il faut remercier Dingo Chien Jaune. Après tout ce qu'il a fait pour toi !

Alors dit Kangourou – Père Kangourou le très fatigué :

– Il m'a chassé des lieux de mon enfance ; il a bouleversé mes heures de repas ; il a chahuté mon académie[2], et pour ce qui est de mes jambes, n'en parlons pas.

Alors dit Nqong :

– Peut-être que je me trompe ; mais ne m'as-tu pas demandé de te rendre différent de tous les autres animaux, de même que très couru ?... Et il est cinq heures.

– Oui, dit Kangourou, j'aurais mieux fait de me taire. Je croyais que vous opériez[3] au moyen de charmes[4] et d'incantations[5] ; mais ça, c'est une sale farce.

– Farce ! dit Nqong du fond de son bain sous les gommiers bleus. Répète ça et je siffle Dingo. Cette fois, il ne te restera plus de jambes du tout.

– Non, dit le Kangourou ; mettons que je n'ai rien dit. Il y a jambes et jambes, pas besoin d'en changer encore. Je vous

1. Tabouret.
2. A changé ma silhouette.
3. Agissiez.
4. Formules magiques.
5. Emploi de paroles magiques.

remercie, si c'est pour moi. Je voulais seulement expliquer à Votre Seigneurie que je n'ai rien mangé depuis ce matin et que je me sens fort à jeun.

– Oui, dit Dingo – Dingo Chien Jaune – je me trouve exactement dans le même état. C'est grâce à moi qu'il est différent de tous les autres animaux ; mais qu'est-ce que je pourrais bien prendre pour goûter ?

Alors Nqong dit du fond de son bain dans le marais salant :

– Venez me demander ça demain, parce que je vais me laver.

De sorte qu'ils restèrent tous deux au milieu de l'Australie, Petit Père Kangourou et Dingo Chien Jaune, et chacun dit :

– C'est ta faute.

Le Chat qui s'en va tout seul

Hâtez-vous d'ouïr[1] et d'entendre ; car ceci fut, arriva, devint et survint[2], ô Mieux Aimée, au temps où les bêtes Apprivoisées étaient encore sauvages. Le Chien était sauvage, et le Cheval était sauvage, et la Vache était sauvage, et le Cochon était sauvage – et ils se promenaient par les Chemins Mouillés du Bois Sauvage, tous sauvages et solitairement. Mais le plus sauvage de tous était le Chat. Il se promenait seul et tous lieux se valaient pour lui.

Naturellement, l'Homme était sauvage aussi. Il était sauvage et c'en était affreux. Il ne commença à s'apprivoiser que du jour où il rencontra la Femme, et elle lui dit qu'elle n'aimait pas la sauvagerie de ses manières. Elle s'arrangea[3], pour y coucher, une jolie caverne sèche au lieu d'un tas de feuilles humides ; elle poudra le sol de sable clair et elle fit un bon feu de bois au fond de la caverne ; puis elle pendit une peau de cheval, la queue en bas, devant l'entrée de la caverne et dit :

– Essuie tes pieds, mon ami, quand tu rentres ; nous allons nous mettre en ménage[4].

Ce soir-là, Mieux Aimée, ils mangèrent du mouton sauvage

1. Écouter.
2. Se produisit.
3. Se prépara.
4. Vivre ensemble.

cuit sur les pierres chaudes et relevé d'ail sauvage et de poivre sauvage ; et du canard sauvage farci de riz sauvage et de fenouil[1] sauvage et de coriandre[2] sauvage ; et des os à moelle de taureaux sauvages et des cerises sauvages, avec des arbouses[3] de même. Puis l'Homme, très content, s'endormit devant le feu ; mais la Femme resta éveillée, à peigner ses cheveux. Elle prit l'épaule du mouton – la grande éclanche[4] plate – et elle en observa les marques merveilleuses ; puis elle jeta plus de bois sur le feu et fit un Sortilège. Ce fut le premier Sort qu'on eût fait sur la terre.

Là-bas, dans les Bois Mouillés, tous les Animaux sauvages s'assemblèrent où ils pouvaient voir de loin la lumière du feu, et ils se demandèrent ce que cela signifiait.

Alors Cheval Sauvage piaffa[5] et dit :

– Ô mes Amis, et vous, mes Ennemis, pourquoi l'Homme et la Femme ont-ils fait cette grande lumière dans cette grande Caverne, et quel mal en souffrirons-nous ?

Chien Sauvage leva le museau et renifla l'odeur du mouton cuit et dit :

– J'irai voir ; je crois que c'est bon. Chat, viens avec moi.

– Nenni ! dit le Chat. Je suis le Chat qui s'en va tout seul et tous lieux se valent pour moi. Je n'irai pas.

1. Plante aromatique ou potagère (goût anisé).
2. Herbe aromatique utilisée en cuisine.
3. Fruits ressemblant à des fraises.
4. Partie de l'épaule du mouton.
5. Frappa la terre de ses sabots.

– Donc, c'est fini nous deux, dit Chien Sauvage. Et il s'en fut au petit trot.

Il n'avait pas fait beaucoup de chemin que le Chat se dit : « Tous lieux se valent pour moi. Pourquoi n'irais-je pas voir aussi, voir, regarder, puis partir à mon gré[1] ? » C'est pourquoi, tout doux, tout doux, à pas de velours, il suivit Chien Sauvage et se cacha pour mieux entendre.

Quand Chien Sauvage atteignit l'entrée de la Caverne, il souleva du museau la peau du cheval sauvage et renifla la bonne odeur du mouton cuit, et la Femme, l'œil sur l'éclanche, l'entendit, et rit, et dit :

– Voici le premier. Sauvage enfant des Bois Sauvages, que veux-tu donc ?

Chien Sauvage dit :

– Ô mon Ennemie, Femme de mon Ennemi, qu'est-ce qui sent si bon par les Bois Sauvages ?

Alors la Femme prit un os du mouton et le jeta à Chien Sauvage et dit :

– Sauvage enfant du Bois Sauvage, goûte et connais[2].

Chien Sauvage rongea l'os, et c'était plus délicieux que tout ce qu'il avait goûté jusqu'alors, et dit :

– Ô mon Ennemie, Femme de mon Ennemi, donne-m'en un autre.

---

1. Quand je le souhaite.
2. Ici, découvre le goût.

La Femme dit :

– Sauvage enfant du Bois Sauvage, aide mon Homme à chasser le jour et garde ce logis la nuit, et je te donnerai tous les os qu'il te faudra.

– Ah ! dit le Chat aux écoutes, voici une Femme très maligne ; mais elle n'est pas si maligne que moi.

Chien Sauvage entra, rampant, dans la Caverne et mit sa tête sur les genoux de la Femme, disant :

– Ô mon Amie, Femme de mon Ami, j'aiderai ton Homme à chasser le jour, et la nuit je garderai la Caverne.

– Tiens, dit le Chat aux écoutes, voilà un bien sot Chien !

Et il repartit par les Chemins Mouillés du Bois Sauvage, en remuant la queue et tout seul. Mais il ne dit rien à personne.

Quand l'Homme se réveilla, il dit :

– Que fait Chien Sauvage ici ?

Et la Femme dit :

– Son nom n'est plus Chien Sauvage, mais Premier Ami ; car il sera maintenant notre ami à jamais et toujours. Prends-le quand tu vas à la chasse.

La nuit d'après, la Femme fut coupa à grandes brassées vertes de l'herbe fraîche aux prés riverains[1] et la sécha devant le feu. Cela fit une odeur de foin, et la Femme, assise à la porte

1. Bordant une rivière.

de la Grotte, tressa un licol[1] en lanières de cuir et regarda l'éclanche – le grand os de mouton plat – et fit un Sortilège. Elle fit le Second Sort qu'on eût fait sur la terre. Là-bas, dans les Bois Sauvages, tous les animaux se demandaient ce qui était arrivé à Chien Sauvage. À la fin, Poulain Sauvage frappa du pied et dit :

– J'irai voir et rapporter pourquoi Chien Sauvage n'est pas revenu. Chat, viens avec moi.

– Nenni ! dit le Chat. Je suis le Chat qui s'en va tout seul et tous lieux se valent pour moi. Je n'irai pas.

Mais, tout de même, il suivit Poulain Sauvage, tout doux, tout doux, à pas de velours, et se cacha pour mieux entendre.

Quand la Femme entendit Poulain Sauvage qui butait en marchant sur sa longue crinière, elle rit et dit :

– Voici le second. Sauvage enfant du Bois Sauvage, que me veux-tu ?

Poulain Sauvage dit :

– Ô mon Ennemie, Femme de mon Ennemi, où est Chien Sauvage ?

La Femme rit, ramassa l'éclanche et le regarda, puis dit :

– Sauvage Enfant du Bois Sauvage, tu n'es pas venu pour Chien Sauvage, mais pour le foin qui sent bon.

Et Poulain Sauvage, qui butait en marchant sur sa longue crinière, dit :

– C'est vrai ; donne-m'en à manger.

---

1. Corde servant à attacher les chevaux.

La femme dit :

– Sauvage Enfant du Bois Sauvage, courbe la tête et porte le présent que je te donne ici ; à ce prix mangeras-tu l'herbe merveilleuse trois fois le jour.

– Ah ! dit le Chat aux écoutes, voici une Femme très maligne ; mais elle n'est pas aussi maligne que moi.

Poulain Sauvage courba la tête et la Femme glissa par-dessus le licol de cuir tressé, et Poulain Sauvage souffla sur les pieds de la Femme et dit :

– Ô ma Maîtresse, Femme de mon Maître, je serai ton esclave à cause de l'herbe merveilleuse.

– Ah ! dit le Chat aux écoutes, voilà un sot Poulain.

Et il s'en retourna par les Chemins Mouillés du Bois Sauvage, en remuant la queue et tout seul. Mais il ne dit rien à personne.

Quand l'Homme et le Chien revinrent de la chasse, l'Homme dit :

– Que fait Poulain Sauvage ici ?

Et la Femme dit :

– Il ne s'appelle plus Poulain Sauvage, mais Premier Fidèle ; car il nous portera de place en place, désormais et toujours. Monte sur son dos, quand tu vas à la chasse.

Le jour après, la tête haute pour que ses cornes ne se prennent pas aux branches des arbres sauvages, Vache Sauvage vint à la Caverne, et le Chat suivit, se cachant comme avant ; et tout arriva tout à fait comme avant ; et le Chat dit les mêmes choses qu'avant ; et quand Vache Sauvage eut promis son lait à la Femme tous les jours, en échange de l'herbe merveilleuse, le Chat s'en retourna par les Chemins Mouillés du Bois Sauvage, en remuant la queue et tout seul, juste comme avant. Mais il ne dit rien à personne. Et quand l'Homme, le Cheval et le Chien revinrent de la chasse et demandèrent les mêmes questions qu'avant, la Femme dit :

– Son nom n'est plus Vache Sauvage, mais Nourricière[1] du Logis. Elle nous donnera le bon lait tiède et blanc, désormais et toujours, et je prendrai soin d'elle, pendant que toi, Premier Ami et Premier Fidèle, vous serez à la chasse.

Le jour après, le Chat attendit de voir si quelque autre Chose Sauvage s'en irait à la Caverne ; mais rien ne bougea dans les Chemins Mouillés du Bois Sauvage. Alors le Chat s'en fut tout seul, et il vit la Femme qui trayait la Vache, et il vit la clarté du feu dans la Caverne, et il sentit l'odeur du lait tiède et blanc.

Chat dit :

– Ô mon Ennemie, Femme de mon Ennemi, où Vache Sauvage est-elle allée ?

La Femme rit et dit :

– Sauvage Enfant du Bois Sauvage, retourne au Bois d'où tu viens, car j'ai rattaché mes cheveux, j'ai serré l'éclanche magique, et nous n'avons plus besoin, dans notre Caverne, d'amis ni de serviteurs.

Chat dit :

---

1. Qui nourrit.

– Je ne suis pas un ami et je ne suis pas un serviteur. Je suis le Chat qui s'en va tout seul, et je désire entrer dans votre Grotte.

La Femme dit :

– Alors, pourquoi n'es-tu pas venu la première nuit avec Premier Ami ?

Chat se fâcha très fort et dit :

– Chien Sauvage a-t-il fait des contes sur moi ?

Alors la Femme rit et dit :

– Tu es le Chat qui s'en va tout seul, et tous lieux se valent pour toi. Tu n'es ni ami ni serviteur. Tu l'as dit toi-même. Va-t'en donc, puisque tous lieux se valent, te promener à ton gré.

Alors Chat fit semblant de regretter et dit :

– N'entrerai-je donc jamais dans la Grotte ? Ne m'assoirai-je jamais près du feu qui tient chaud ? Ne boirai-je jamais le lait tiède et blanc ? Vous êtes très sage et très belle. Vous ne devriez pas faire de mal, même à un Chat.

La Femme répondit :

– Je savais que j'étais sage ; mais belle, je ne savais pas. Soit. Nous ferons un marché. Si jamais je prononce un seul mot à ta louange[1], tu pourras entrer dans la Grotte.

– Et si tu en prononces deux ? dit le Chat.

– Cela n'arrivera jamais, dit la Femme ; mais si je prononce deux mots à ta louange, tu pourras t'asseoir près du feu dans la Grotte.

– Et si tu dis trois mots ? dit le Chat.

1. En ton honneur.

– Jamais cela n'arrivera, dit la Femme ; mais si je dis trois mots à ta louange, tu pourras laper le lait tiède et blanc trois fois le jour, à jamais.

Alors le Chat fit le gros dos et dit :

– Que le rideau qui ferme la Grotte, le Feu qui brûle au fond et les pots à lait rangés près du Feu soient témoins de ce qu'a juré mon Ennemie, Femme de mon Ennemi.

Et il s'en alla par les Chemins Mouillés des Bois Sauvages, remuant la queue et tout seul.

Cette nuit-là, quand l'Homme, le Cheval et le Chien revinrent de la chasse, la Femme ne leur parla pas du marché qu'elle avait fait avec le Chat, parce qu'elle avait peur qu'il ne leur plût point.

Chat s'en alla très loin et se cacha parmi les Mousses Mouillées des Bois Sauvages, tout seul, à son gré, pendant un très long temps, si long que la Femme n'y pensa plus. Seule, la Chauve-Souris, la petite Souris-Chauve, qui pendait tête en bas à l'intérieur de la Grotte, sut où il se cachait, et, tous les soirs, s'en allait voletant lui porter les nouvelles.

Un soir, Chauve-Souris dit :

– Il y a un Bébé dans la Grotte. Il est tout neuf, rose, gras et petit, et la Femme en fait grand cas[1].

– Ah ! dit le Chat aux écoutes ; et le Bébé, de quoi fait-il cas ?

– Il aime les choses moelleuses, douces et qui chatouillent. Il aime des choses tièdes à tenir dans les bras en s'endormant. Il aime qu'on joue avec. Il aime tout cela.

---

1. Lui accorde beaucoup d'importance.

– Ah ! dit le Chat aux écoutes ; alors mon temps est venu.

La nuit après, Chat s'en vint par les Chemins Mouillés du Bois Sauvage et se cacha tout contre la Grotte jusqu'au matin où l'Homme, le Cheval et le Chien partirent pour la chasse. La Femme faisait la cuisine, ce matin-là, et le Bébé pleurait et l'empêchait de travailler. C'est pourquoi elle le porta hors de la Grotte et lui donna une poignée de cailloux pour jouer. Mais le Bébé continua de pleurer.

Alors le Chat avança sa patte pelote[1] et toucha la joue du Bébé, qui fit risette[2] ; et le Chat se frotta contre les petits genoux dodus[3] et chatouilla du bout de la queue sous le petit menton gras, et le Bébé riait. Et la Femme, l'entendant, sourit.

Alors la Chauve-Souris – la petite Souris-Chauve qui pendait la tête en bas – dit :

– Ô mon Hôtesse, Femme de mon Hôte et Mère du Fils de mon Hôte, un sauvage enfant des Bois Sauvages est là qui joue très bellement avec votre Bébé.

– Béni soit-il, quelque nom qu'on lui donne, dit la Femme en se redressant. J'avais fort à faire ce matin et il m'a rendu service.

À cette même minute et seconde, Mieux Aimée, la Peau de cheval séchée qui pendait, la queue en bas, devant la porte de la Caverne, tomba – *wouch*... à cause qu'elle se rappela le marché conclu avec le Chat ; et quand la Femme alla pour la raccrocher

1. Mise en boule.
2. Sourit.
3. Grassouillets, potelés.

– vrai comme je le dis –, voilà qu'elle vit le Chat installé bien aise dans la Grotte.

– Ô mon Ennemie, Femme de mon Ennemi et Mère de mon Ennemi, dit le Chat, c'est moi ; car tu as prononcé un mot à ma louange, et maintenant je puis rester dans la Grotte, désormais et toujours. Pas moins[1], je suis le Chat qui s'en va tout seul, et tous lieux se valent pour moi.

La Femme fut très en colère et serra les lèvres et prit son rouet[2] et se mit à filer.

Mais le Bébé pleurait que le Chat fût parti et la Femme n'arrivait plus à le faire taire, car il gigotait et se débattait et devenait violet.

– Ô mon Ennemie, Femme de mon Ennemi et Mère de mon Ennemi, dit le Chat, prends un bout du fil que tu files, attache-le à ton fuseau[3] et laisse-le traîner par terre, et je te montrerai une Magie qui fera rire ton Bébé aussi fort qu'il pleure à présent.

– Je vais le faire, dit la Femme, parce que je suis à bout, mais je ne te dirai pas merci.

Elle attacha le fil au petit fuseau d'argile et le fit traîner par terre ; alors le Chat courut après et lui donna des coups de patte et fit des culbutes et l'envoya par-dessus son épaule et le poursuivit entre ses pattes de derrière et fit semblant de le perdre, et fonça dessus de nouveau jusqu'à ce que le Bébé rît aussi fort

1. Ici, malgré tout.
2. Machine qui servait à filer.
3. Petit instrument qui servait à tordre et enrouler le fil.

qu'il avait pleuré et jouât d'un bout de la grotte à l'autre tant qu'il fut las et s'installa pour dormir avec le Chat dans ses bras.

– Maintenant, dit le Chat, je chanterai au Bébé une chanson qui l'empêchera de s'éveiller d'une heure.

Et il se mit à ronronner tout bas, tout doux, tout doux, tout bas, jusqu'à ce que le Bébé s'endormît.

La Femme sourit et les regarda tous deux et dit :

– Voilà qui fut très bien fait. Nul doute que tu sois très habile, ô Chat.

À la minute, à la seconde, Mieux Aimée, la fumée du Feu au fond de la Grotte descendit tout à coup de la voûte – *poff !* – parce qu'elle se rappelait le marché fait avec le Chat, et quand elle se dissipa[1], vrai comme je le dis, voici le Chat installé bien aise auprès du feu !

– Ô mon Ennemie, Femme de mon Ennemi et Mère de mon Ennemi, c'est moi ; car pour la seconde fois tu as parlé à ma louange, et maintenant j'ai droit de me mettre auprès du feu qui tient chaud, désormais et toujours. Pas moins, je suis le Chat qui s'en va tout seul, et tous lieux se valent pour moi.

Alors la Femme fut très en colère et défit ses cheveux et remit du bois sur le feu et sortit le grand os d'éclanche et se mit à faire un sortilège qui l'empêchât de dire un troisième mot à la louange du Chat. Ce n'était pas une magie à musique, Mieux Aimée, c'était une magie muette ; et bientôt il fit si tranquille dans la Grotte, qu'un petit, tout petit bout de souris sortit d'un coin noir et traversa en courant.

1. Disparut.

– Ô mon Ennemie, Femme de mon Ennemi et Mère de mon Ennemi, dit le Chat, cette petite Souris fait-elle partie de ton sortilège ?

– Hou ! Oh ! là là ! Au secours ! Non, certes, dit la Femme en laissant tomber l'éclanche et en sautant sur l'escabeau[1] devant le feu et en rattachant ses cheveux dare-dare, de peur que la souris n'y grimpât.

– Ah ! dit le Chat ouvrant l'œil. Alors la souris ne me fera pas de mal si je la mange ?

– Non, dit la Femme en rattachant ses cheveux, mange-la vite et je t'en serai reconnaissante à jamais.

Chat ne fit qu'un bond et goba[2] la petite souris. Alors la Femme dit :

– Merci mille fois. Le Premier Ami lui-même n'attrape pas les petites souris aussi vivement. Tu dois être très habile.

À la minute, à la seconde, Mieux Aimée, le Pot à Lait qui chauffait devant le feu se fendit en deux – *ffft !* – parce qu'il se rappela le marché conclu avec le Chat ; et quand la Femme sauta à bas de l'escabeau – vrai comme je le dis ! – voilà le Chat qui lapait le lait tiède et blanc resté au creux d'un des morceaux.

– Ô mon Ennemie, Femme de mon Ennemi et Mère de mon Ennemi, dit le Chat, c'est moi. Car tu as dit trois mots à ma louange et, maintenant, je pourrai boire le lait tiède et blanc trois fois le jour à tout jamais. Mais, pas moins, je suis le Chat qui s'en va tout seul et tous lieux se valent pour moi.

---

1. Tabouret.
2. Avala.

Alors la Femme rit et mit devant le Chat un bol de lait tiède et blanc et dit :

– Ô Chat, tu es aussi habile qu'un homme, mais souviens-toi, ton marché ne fut conclu avec l'Homme ni le Chien, et je ne sais pas ce qu'ils feront en rentrant.

– Que m'importe, dit le Chat. Pourvu que j'aie ma place dans la Grotte, près du feu et mon lait tiède et blanc trois fois le jour, je ne me soucie pas de l'Homme ni du Chien.

Ce soir-là, quand l'Homme et le Chien rentrèrent dans la Grotte, la Femme leur dit l'histoire du marché, tandis que le Chat, assis au coin du feu, souriait en écoutant. Alors l'Homme dit :

– Oui, mais il n'a pas fait de marché avec moi ni avec tous les Hommes qui me ressemblent.

Alors il retira ses deux bottes de cuir, il prit sa hachette[1] de pierre (ce qui fait trois) et les rangea devant lui et dit :

– Maintenant nous ferons marché à notre tour. Si tu n'attrapes pas les souris tant que tu seras dans la Grotte à jamais et toujours, je te jetterai ces trois choses partout où je te verrai, et de même feront après moi tous les Hommes qui me ressemblent.

– Ah ! dit la Femme aux écoutes, tu es un très habile Chat, mais pas autant que mon Homme.

1. Petite hache.

Le Chat compta les trois choses (elles avaient l'air très dures et bosselées[1]), et il dit :

– J'attraperai des souris tant que je serai dans la Grotte à jamais et toujours ; mais, pas moins, je suis le Chat qui s'en va tout seul et tous lieux se valent pour moi.

– Pas tant que je serai par là, dit l'Homme. Si tu n'avais pas dit ces derniers mots, j'aurais serré ces choses pour jamais et toujours, mais à présent je te jetterai mes deux bottes et ma hachette de pierre (ce qui fait trois) toutes les fois que je te rencontrerai. Et ainsi feront après moi tous les Hommes qui me ressemblent.

Alors le Chien dit :

– Attends une minute. Il n'a pas fait marché avec moi ni avec tous les Chiens qui me ressemblent.

Et il montra les dents et dit :

– Si tu n'es pas gentil pour le Bébé pendant que je suis dans la Grotte, je te courrai après jusqu'à ce que je t'attrape, et quand je t'attraperai je te mordrai. Et ainsi feront avec moi tous les Chiens qui me ressemblent.

– Ah ! dit la Femme aux écoutes. C'est là un très habile Chat, mais pas autant que le Chien.

Chat compta les crocs du Chien (ils avaient l'air très pointus), et il dit :

– Je serai gentil pour le Bébé tant que je serai dans la Grotte

1. Couvertes de bosses.

et pourvu qu'il ne me tire pas la queue trop fort, à jamais et toujours. Mais, pas moins, je suis le Chat qui s'en va tout seul et tous lieux se valent pour moi !

– Pas tant que je suis là, dit le Chien. Si tu n'avais pas dit ces derniers mots, j'aurais refermé ma gueule pour toujours et jamais : mais à présent je te ferai grimper aux arbres en quelque endroit que je te trouve. Et ainsi feront après moi tous les Chiens qui me ressemblent.

Alors l'Homme jeta ses deux bottes et sa hachette de pierre (ce qui fait trois), et le Chat s'enfuit hors de la Grotte et le Chien courut et le fit monter aux arbres ; et de ce jour à celui-ci, Mieux Aimée, trois Hommes sur cinq ne manqueront jamais de jeter des choses à un Chat quand ils le rencontrent, et tous les chiens courront après et le feront grimper aux arbres. Mais le Chat s'en tient au marché de son côté pareillement. Il tuera les souris, il sera gentil pour les Bébés tant qu'il est dans la maison et qu'ils ne lui tirent pas la queue trop fort. Mais quand il a fait cela, entre-temps, et quand la lune se lève et que la nuit vient, il est le Chat qui s'en va tout seul et tous lieux se valent pour lui. Alors il s'en va par les Chemins Mouillés du Bois Sauvage, sous les Arbres ou sur les Toits, remuant la queue et tout seul.

Après-texte

POUR COMPRENDRE

GROUPEMENT DE TEXTES

INFORMATION/DOCUMENTATION

Lire

1 Page 9, ligne 1 : en vous appuyant sur la *Présentation*, dites qui est « Mieux Aimée ». À qui s'adresse le narrateur ?

2 Page 9, lignes 10-11 : cette phrase fait référence à un personnage biblique très célèbre qui se tint à gauche de Jésus-Christ et on pense depuis que cette position porte malheur. À qui cela fait-il référence ? En vous appuyant sur le rôle qu'a eu ce personnage dans la Bible, faites un rapprochement avec le poisson.

3 Page 10 : plusieurs passages sont mis entre parenthèses. Pourquoi, selon vous ? Relevez-les et donnez une explication claire.

4 Certains de ces passages ne sont pas écrits correctement : lesquels ? Et pourquoi ?

5 Relevez les noms des personnages et montrez en quoi ils correspondent à une pratique habituelle du conte.

6 Page 11 : on trouve une accumulation (figure qui utilise un grand nombre de mots qui appartiennent à la même classe grammaticale ou qui ont le même rôle dans la phrase). Trouvez le passage concerné et dites en quoi consiste cette figure.

7 Page 12, lignes 74-76 : dans quelle situation le lecteur a-t-il le sentiment de se trouver en lisant ces lignes ?

8 Pour donner à son texte une allure ludique, Kipling joue avec les mots. Que pouvez-vous relever qui vous montre cette intention ?

9 Pourquoi le Nautonier a-t-il, selon vous, attaché cette grille dans le gosier de la Baleine ?

Écrire

10 Choisissez un cétacé autre que la baleine et faites-en une présentation. Rédigez deux paragraphes : le premier pourra donner ses caractéristiques physiques et le second son mode de vie.

11 Imaginez que « Mieux Aimée » soit surprise par la fin du conte. Elle pose deux ou trois questions sur ce qu'elle vient d'entendre pour faire part de ses doutes au conteur. Écrivez le dialogue, en respectant l'écriture du discours direct.

12 Choisissez trois personnes célèbres ayant des métiers différents et donnez-leur un surnom sur le modèle de « un homme d'infinie-ressource-et-sagacité ». Les noms que vous écrirez seront en rapport avec les personnes choisies (qualité, capacité...).

Chercher

13 Faites une recherche sur les cétacés et leurs particularités.

14 Un roman d'un écrivain américain nommé Herman Melville a rendu célèbre une baleine blanche. Quel est le titre de ce roman et de quand date-t-il ?

15 Page 12, ligne 64, « Albion » désigne la Grande-Bretagne, mais ce nom désigne également un personnage de l'Antiquité grecque ayant des liens avec Hercule. De qui s'agit-il ?

À SAVOIR

LE CONTE

Le conte est un texte issu de la **tradition populaire orale**. Avant d'être figé par l'écriture, ils étaient racontés par des conteurs professionnels ou lors des veillées. C'est pourquoi on considère que le conte est l'une des plus anciennes formes de transmission littéraire, car depuis des siècles les hommes éprouvent le besoin de se distraire en écoutant des histoires qui stimulent leur imagination. C'est un genre qui a beaucoup évolué, car si le conte du Moyen Âge est teinté de **merveilleux**, celui du XIXe siècle est marqué par le **fantastique** et la **satire**.

Le XXe siècle a également ses conteurs célèbres et dans de nombreux pays. Dans les contes de Kama Sywor Kamanda (Afrique) ou bien ceux de Kipling, on constate que le **schéma narratif** (*À savoir,* p. 77) et les règles du genre restent respectés : l'histoire est invraisemblable, elle donne aux animaux des comportements propres aux humains (on parle de **personnification**) et elle a toujours un but avoué : distraire tout en éduquant. Si la morale est souvent liée aux qualités et aux défauts des hommes, il arrive que le conte veuille donner l'impression qu'il explique quelque chose. C'est le cas des **contes étiologiques** qui expliquent un mystère et des **contes cosmogoniques** qui remontent à l'origine du monde pour en présenter la formation et l'évolution.

C'est à la définition du conte étiologique qu'obéit *La Baleine et son gosier* : on sait désormais pourquoi la baleine ne se nourrit que de plancton ou de krill.

Lire

1 Page 14, lignes 7-12, 2e paragraphe : en vous appuyant sur l'encadré *À savoir* ci-contre, relevez les verbes conjugués au passé et dites à quel temps ils sont en les classant dans un tableau. Justifiez ensuite leur emploi.

2 Page 14, lignes 9-10, « superlatif » : expliquez le sens de ce mot dans cette phrase et trouvez-lui un synonyme.

3 Page 15, lignes 23-24 : montrez que le Rhinocéros est un animal effrayant et qu'il l'était déjà avant d'avoir la peau qui le démange.

4 Page 15, ligne 35 : quel est le temps dominant des verbes ? Comment expliquez-vous cet emploi dans cette phrase ?

5 Page 15 : expliquez le sens du *Sloka* récité par le Parsi. Qu'annonce-t-il en disant ces quelques lignes ? À quoi ce texte ressemble-t-il ? Pourquoi ?

6 Page 16, lignes 55-56, « un sourire qui lui fit deux fois le tour de la figure » : que signifie ce passage ? Appuyez-vous sur la ligne suivante pour développer votre explication.

7 Page 16, lignes 61-62 : dans ces deux lignes, on trouve de nombreuses occurrences de la conjonction de coordination «et». Normalement, on ne doit pas l'utiliser à plusieurs reprises. Pourquoi est-elle ainsi répétée dans ce passage? Quel effet cette répétition produit-elle, selon vous?

8 Page 17 : relevez deux passages où le narrateur joue sur la langue en utilisant la répétition. À votre avis, qu'est-ce que cela apporte au récit ?

9 Page 17, ligne 76, «mais c'était bien égal aux miettes» : expliquez ce passage; reprenez ce qu'il veut dire avec vos propres mots.

10 Montrez que la fin de ce conte est très proche du début, en relevant les éléments communs aux deux passages; pourquoi trouve-t-on cette proximité, selon vous ?

Écrire

11 Inventez un *Sloka* du même genre que celui que l'on trouve page 15. Vous commencerez soit par « Jamais on ne voit », soit par « Toujours le regret guette ». Veillez à respecter une forme poétique avec des vers courts et des rimes.

12 Pages 16-17, lignes 61-65 : recopiez ces lignes de « Il prit la peau... » à « remît sa peau », en mettant au présent les verbes qui sont conjugués au passé.

Oral

13 Mettez-vous dans la peau d'un conteur. Après avoir lu le conte en entier, racontez-le à nouveau, mais en utilisant vos mots et surtout sans relire le texte ou des passages de celui-ci. Utilisez ce dont vous vous souvenez en formulant de nouvelles phrases.

Chercher

14 Page 15, ligne 19, il est question de l'« arche de Noé ». De quoi s'agit-il ? Pourquoi le Rhinocéros peut-il être rapproché de cette référence ?

15 Le *Sloka* est donc un texte court de forme poétique. Les Japonais ont également une forme de poème court. Comment l'appelle-t-on ? Cherchez-en quelques exemples.

À SAVOIR

IMPARFAIT ET PASSÉ SIMPLE

Ce sont **deux temps du mode indicatif** et ils sont tous les deux utilisés pour évoquer des **événements du passé**. On les utilise ensemble dans la **narration,** mais ils ont un rôle bien défini :
– le **passé simple** est utilisé lorsqu'on évoque une **action de premier plan** (principale) **unique**, qui ne se répète pas et qui est **limitée** (on sait quand elle commence ou quand elle se termine). Parfois, les valeurs se cumulent et sont complémentaires. Ainsi, page 17, lignes 82-86, le passé simple désigne des actions de premier plan, limitées et uniques : elles ne se répètent pas et elles sont limitées les unes par les autres puisqu'elles se suivent ;
– l'**imparfait**, quant à lui, s'utilise pour les **actions de second plan**, les **descriptions** et les **actions non limitées**. Pour ces dernières, on ne sait pas combien de temps elles durent, mais on évoque l'action dans son déroulement (ce que reprend un peu la formule « être en train de »). Ainsi, page 14, ligne 17, l'imparfait « collait » est utilisé pour une description et page 15, ligne 21, « avait » pour une action de second plan.

Lire

1 Page 18, lignes 1-13 : relevez les adjectifs indiquant les couleurs de la flore ou des animaux. Que pouvez-vous dire des derniers adjectifs relevés ? Quelle impression donnent-ils ?

2 Page 19, lignes 19-20 : relevez les différentes caractéristiques de l'Éthiopien. Que pouvez-vous en conclure quant à son rôle dans le conte ? La suite vous donne-t-elle raison ?

3 Page 19, lignes 24-25, « sur quel pied sauter » : le verbe est différent de celui que l'on trouve dans l'expression usuelle. Quelle est-elle ? Pourquoi le verbe est-il modifié ici ?

4 Page 20, lignes 58-59, « C'était une grande personne » : expliquez ce que le narrateur veut dire par là.

5 Page 21 : relevez une accumulation de participes passés utilisés comme adjectifs qualificatifs. Dites quel est leur rôle. Qu'apporte cette accumulation au sens de la phrase ?

6 Page 22, ligne 112 : expliquez la construction particulière de cette phrase.

7 Page 24, lignes 143-144, « Ousqu'est votre déjeuner ? » : quel est le niveau de langue ? Justifiez votre réponse. Quel intérêt l'utilisation de ce niveau de langue présente-t-elle dans cette phrase, selon vous ?

8 Page 26, lignes 210-211 : montrez que la fin reprend les formulations habituelles du conte.

Écrire

9 Rédigez la description de la personne de votre choix en variant le plus possible les adjectifs qualificatifs (attention aux accords). Vous veillerez à ce que votre portrait soit le plus fidèle possible et soit assez clair pour que l'on puisse deviner de qui vous parlez. Pour en être sûr, lisez votre texte à quelqu'un sans lui dire de qui il s'agit et voyez s'il peut le deviner.

10 Récrivez le passage suivant en ajoutant, pour chaque mot en gras, un adjectif ou un groupe adjectival de votre choix. Vous devrez rester cohérent, votre texte devra avoir du sens et il faudra utiliser au moins une épithète, une épithète détachée et un attribut : « L'**Éthiopien** et le **léopard** partent dans la **forêt. Ils** ne trouvent plus le **zèbre** et la girafe et **ils** sont… ; à la fin, ils les retrouvent, mais l'**homme** décide de changer sa **peau.** »

Chercher

11 Localisez sur une carte où se trouve l'Éthiopie. À quel continent ce pays appartient-il ? Est-il à l'est ou à l'ouest ? Quelle est sa capitale ?

12 Le léopard est parfois désigné par un autre nom. Quel est ce nom ? Est-il toujours tacheté ?

À SAVOIR

L'ADJECTIF QUALIFICATIF

C'est un mot très courant car il permet de préciser ce dont on parle et il peut s'utiliser de plusieurs façons. Il sert à donner une information (sur une personne, une chose...). **C'est pour cela qu'on le trouve très souvent dans les descriptions et les portraits.** Quand on a du mal à le différencier des noms, la formule « il/elle est... » est à placer devant. L'adjectif qualificatif change en genre et en nombre en s'adaptant au mot auquel il se rapporte. Il faut toujours être attentif à son accord.

• Dans une phrase, il peut être utilisé comme :
– une épithète liée ; dans ce cas, il est placé près du nom qu'il qualifie (« les plus *longues* jambes », ligne 29, page 19) ;
– une épithète détachée ; il est alors séparé du nom par une virgule ;
– un attribut du sujet ; dans ce cas, il est relié au sujet par un verbe (« qu'il est *beau* », ligne 198, page 26).

• Comme le nom commun, l'adjectif qualificatif reçoit parfois des compléments (de l'adjectif) ; il garde alors les mêmes fonctions mais on ne parle plus seulement d'adjectif mais de « groupe adjectival » (« *pleine* de troncs d'arbres », lignes 73-74, page 21).

• Enfin, le participe passé des verbes est souvent utilisé comme adjectif qualificatif. Il suit alors les mêmes règles et peut avoir les mêmes fonctions (« garanti à l'usage », ligne 163, page 24, fonctionne comme un groupe adjectival épithète, mais le mot noyau est le participe passé du verbe « garantir »).

Lire

1 Pages 27-28, lignes 5-22 : trouvez une phrase qui résume ce paragraphe. Justifiez votre réponse.

2 Page 31 : après avoir lu l'encadré *À savoir* ci-contre, relevez deux phrases interrogatives. Dites si les interrogations sont totales ou partielles et quel est le niveau de langue utilisé. Justifiez votre réponse.

3 En vous appuyant sur la question 1, expliquez pourquoi on trouve autant de phrases interrogatives dans cette histoire.

4 Page 28, ligne 38, « Cherche là ! » : avec cette phrase impérative, l'oiseau Kolokolo donne un conseil dissimulé à l'Enfant d'Éléphant. Quel est-il ?

5 Page 30 : relevez les adjectifs épithètes qui qualifient la queue du Python (*À savoir,* p. 67). Que pouvez-vous dire de ces adjectifs ?

6 Que pensez-vous du rôle du Python dans cette histoire ? Est-ce un adjuvant (aide du héros) ou bien un opposant ? Expliquez votre point de vue et développez votre réponse.

7 Page 34 : relevez une onomatopée (mot qui représente un son). Dites à quel son cette onomatopée correspond.

8 Page 36, ligne 227, « afin de trouver un hippopotame » : pourquoi l'Enfant d'Éléphant cherche-t-il cet animal précisément, selon vous ?

9 Page 38 : les membres de sa famille partent vers le fleuve Limpopo. Pourquoi vont-ils là-bas à leur tour ? Justifiez votre réponse en vous appuyant sur des passages du texte.

Écrire

10 Rédigez un paragraphe d'une dizaine de lignes pour donner une explication (que vous inventerez) à l'origine d'une particularité physique curieuse de certains animaux : les longues pattes arrière du kangourou, le grand bec du toucan, la poche du pélican, les pinces du crabe...

11 Écrivez en une ou deux phrases la morale de cette histoire.

12 Page 29, lignes 66-68 : récrivez ces lignes en remplaçant le discours direct par du discours indirect. Vous ferez toutes les modifications nécessaires pour que votre texte soit correct et le plus fidèle possible au texte d'origine.

Chercher

13 Il existe une histoire très différente dans laquelle le personnage principal a, comme *L'Enfant d'Éléphant,* le nez qui s'allonge ; la raison n'est pas la même car son nez s'allonge lorsqu'il ment. Quel est le titre de cette histoire ? Qui en est l'auteur et quand l'a-t-il écrite ?

14 Cherchez une planche de bande dessinée que vous présenterez en indiquant son titre, ses auteurs (le scénariste, le dessinateur...) et sur laquelle on trouvera au moins trois onomatopées différentes. Vous expliquerez à quoi elles correspondent.

À SAVOIR

L'INTERROGATION

La phrase interrogative sert à poser une question directement et elle est marquée par la ponctuation finale : le point d'interrogation (?). Cette phrase propose des constructions très différentes en fonction du niveau de langue utilisé ou du but recherché par celui qui la pose.

• Le niveau de langue est facile à repérer dans une interrogation :
– le niveau de langue **soutenu** inverse le sujet et le verbe (on parle d'inversion du sujet) : « mais **auriez-vous** la bonté de me dire ce qu'il mange pour dîner ? » (lignes 72-73, page 30) ;
– le niveau de langue **courant** utilise en général la formule interrogative « Est-ce que... » ou « Qu'est-ce que... » : « **Qu'est-ce que** le crocodile mange pour dîner ? » (ligne 26, page 28) ;
– le niveau de langue **familier** propose une forme grammaticale incorrecte et seules la ponctuation à l'écrit et la prononciation à l'oral permettent de distinguer qu'il s'agit d'une question : « Tu ne sais pas ce qu'il mange ? ».

• L'interrogation peut être partielle ou totale.
– Quand elle est **partielle**, il est nécessaire de répondre à la question par une phrase : « Auriez-vous la bonté de me dire ce qu'il mange pour dîner ? » Pour expliquer ce que mange le crocodile, il faudra développer la réponse.
– Quand elle est **totale**, il est possible de répondre par « oui » ou par « non » : « Si j'ai vu un Crocodile ? » (ligne 69, page 30).

Lire

1 Page 39 : en vous appuyant sur l'encadré *À savoir* ci-contre, relevez deux phrases avec des verbes à l'impératif et expliquez la valeur qu'ils ont dans leur contexte.

2 Montrez, en observant chronologiquement les qualificatifs des trois dieux, que le Kangourou ne comprend pas la leçon qui lui est donnée et que son orgueil est vraiment sans borne.

3 Page 39, lignes 10 et 18, « Va-t'en ! » : pourquoi les deux premiers dieux se contentent-ils de lui donner cet ordre simple et bref sans ajouter d'explication ?

4 La polysémie d'un mot signifie qu'il peut avoir plusieurs sens. Dans cette histoire, le dieu Nqong joue sur la polysémie d'un mot pour donner une leçon à Kangourou. Page 40, cherchez ce mot et expliquez sur quoi elle repose.

5 Pages 41-42 : quelle répétition l'auteur utilise-t-il pour rythmer son récit ? Qu'est-ce que cette répétition lui apporte ?

6 Page 42 : lorsque la poursuite prend fin, l'apposition qualifiant Dingo change. Quelle est la dernière apposition utilisée ? Quel adjectif est ajouté ? Pourquoi, selon vous ?

7 Page 43 : relevez le passage qui nous montre que Kangourou a bien compris la leçon qui lui a été infligée. Expliquez ce qui, dans ce passage, nous fait comprendre qu'il est devenu plus réfléchi.

8 Page 43, ligne 91, « qui est toujours bien élevé » : expliquez en quoi consiste l'humour de cette proposition subordonnée.

9 Page 44, lignes 119-121 : expliquez ces lignes. Quel sens ont-elles pour le lecteur ?

Écrire

10 Page 42, lignes 63-71 : récrivez ce passage en transformant au présent tous les verbes qui sont au passé.

11 Imaginez que Nqa, Nquing et Nqong, les trois dieux, se rencontrent ; ils en viennent à parler des derniers événements et par conséquent du Kangourou et ils se racontent ce qui s'est passé avec l'animal. Nqong leur raconte le tour qu'il lui a joué et tous s'amusent de cette farce. Vous ferez alterner narration et dialogue en veillant aux règles de ces deux types d'écriture.

Oral

12 Expliquez à vos camarades quelle est la morale de ce conte, selon vous. Vous défendrez votre avis en vous appuyant sur certains points importants du texte. Dites-si vous trouvez juste ce qui arrive à Kangourou. Vous pouvez lancer une discussion avec ceux qui ne partagent pas vraiment votre point de vue.

Chercher

13 Cherchez des renseignements sur l'Australie. Quelle est la particularité de ce pays ? Donnez un exemple d'Australien célèbre et justifiez votre choix.

14 Cherchez la définition du mot « kangourou » dans un dictionnaire et recopiez-la. Quelles sont les informations apprises sur cet animal, en particulier en ce qui concerne sa « classe » ? Cherchez le sens du mot qui désigne précisément la classe à laquelle il appartient.

À SAVOIR

L'IMPÉRATIF

L'impératif est un **mode personnel**, même si le pronom personnel sujet n'apparaît pas et s'il n'a que trois personnes : **2e du singulier** et **1re et 2e du pluriel**. Il est néanmoins qualifié de personnel car le verbe conjugué porte la terminaison habituelle liée aux personnes.

Ce mode ajoute au sens du verbe une valeur qui permet à l'interlocuteur de **connaître l'intention de celui qui parle**.

Il peut être utilisé pour :

– donner un **conseil** : « Venez me demander ça demain » (ligne 118, page 44) ;

– exprimer un **souhait** : « Viens çà » (ligne 99, page 31) ; c'est un souhait car le Crocodile veut attirer celui qu'il regarde déjà comme sa prochaine victime près de lui pour lui attraper le nez ;

– exprimer une **prière** : « Sortez et tâchez de vous tenir » (ligne 61, page 11) ; c'est une prière car la Baleine n'en peut plus et ce que l'homme lui fait subir la rend malade ;

– donner un **ordre** (ou l'interdiction, dans ce cas on utilise la négation) : « Va-t'en ! » (ligne 10, page 39). Pour qu'un ordre soit cohérent, il faut que la personne qui le lance ait la « position » pour le faire ; dans le cas contraire, la scène est comique.

Lire

1 Page 45, ligne 1, « Hâtez-vous d'ouïr et d'entendre » : quel est le rôle de cette expression et à qui s'adresse-t-elle ?

2 Page 45, lignes 9-16 : quel est le temps dominant dans ce passage ? Quelle est sa valeur ?

3 Page 45 : quel rôle la Femme joue-t-elle vis-à-vis de l'Homme ? Quelle influence a-t-elle sur lui et en quoi le fait-elle changer ?

4 Page 48, lignes 66-68 et 73-74 : à quoi correspondent ces deux répliques entre la Femme et le Chien ? Utilisez un substantif pour le désigner.

5 Page 48, ligne 70, « elle n'est pas si maligne que moi » : expliquez pourquoi le Chat tient de tels propos.

6 Pages 48-49, lignes 84-88 : montrez que la Femme prévoit déjà quel animal sera concerné par le deuxième pacte.

7 Page 51 : les rôles de l'Homme et de la Femme se dessinent nettement dans ce passage. Quels sont-ils ?

8 Page 52, ligne 182 et ligne 185, « jamais ». Les deux occurrences ont-elles le même sens ? Remplacez le premier par un synonyme. Pouvez-vous utiliser ce synonyme pour le deuxième ?

9 Pages 53-54 : de quelle qualité majeure le Chat fait-il preuve ?

10 Page 55, ligne 246, « La Femme fut très en colère » : pourquoi, selon vous, la Femme a-t-elle cette réaction ?

11 Page 60 : quel est le temps dominant dans le dernier paragraphe ? Pourquoi ? Quel sens apporte-t-il, à votre avis, à ce que dit le narrateur ?

Écrire

12 Rédigez le portrait du Chat de ce conte en une dizaine de lignes. Vous le peindrez tel qu'il est présenté dans cette histoire.

13 On oppose souvent le chien et le chat ; ces deux animaux très différents n'attirent en général pas les mêmes personnes. Quel est celui qui a votre préférence ? Dans un petit paragraphe, vous répondrez à cette question en disant quelles qualités vous lui prêtez. Vous pouvez également préciser quels défauts vous trouvez à l'autre animal.

14 Pages 51-52, lignes 154-179 : récrivez ce dialogue en gardant le contenu, mais en modifiant le verbe du discours utilisé : « dit ». Vous utiliserez des verbes différents à chaque fois.

Chercher

15 Ce conte fait référence au premier âge de l'homme et à la période que l'on appelle la préhistoire. Cherchez deux ou trois titres de romans célèbres dont l'action se passe à cette époque. Présentez l'auteur en donnant ses dates de naissance et de mort ainsi que son pays d'origine.

16 Le Chat a une place très particulière dans ce conte dont il est le personnage principal. Le chat, à cause de sa proximité avec l'homme, est souvent présent dans les contes. Cherchez un autre conte célèbre dans lequel il est question d'un chat. Vous donnerez non seulement le titre, mais également l'auteur et la date de la parution.

À SAVOIR

HOMOPHONE, HOMOGRAPHE ET HOMONYME

• Les **homophones** : mots qui se prononcent de la même façon mais qui s'écrivent différemment : « vas » (ligne 133, page 50) et « va » (titre de l'histoire).

• Les **homographes** : mots qui s'écrivent de manière identique mais ne se prononcent toutefois pas obligatoirement de la même façon : « marché » (ligne 323, page 58) et « marché » (participe passé) ; « fils » (le masculin de fille) et « fils » (pour coudre). Dans ce dernier cas, les mots sont écrits de la même façon mais ne se prononcent pas de la même façon.

• Les **homonymes** : mots de prononciation identique mais qui n'ont pas du tout le même sens. Ils peuvent néanmoins s'écrire de la même façon. Ainsi, les homophones sont des homonymes et des homonymes peuvent également être homographes.

– « Un enfant négligent » et « ils négligent » : les mots sont homographes.
– « Une mule » (animal) et une « mule » (chaussure) sont des homographes et des homonymes.
– « Un enfant sot » et « faire un saut » : les mots sont des homophones et des homonymes.

Il faut être très attentif aux homophones grammaticaux et lexicaux car, parfois, un simple accent change le mot :
– « à » (ligne 10, page 45) est une préposition ;
– « a » (ligne 349, page 59) est l'auxiliaire *avoir* à la 3e personne du singulier du présent ;
– « as » (ligne 310, page 57) est l'auxiliaire *avoir* à la 2e personne du singulier du présent.

Lire

1 Sur quelle caractéristique du Rhinocéros ce conte insiste-t- il ? Relevez, page 17, une expression qui le montre.

2 Page 19, ligne 25, « Parole ! » : expliquez à qui s'adresse le narrateur en disant cela. Que veut-il faire alors ? Qu'est-ce que cela apporte au texte ?

3 Page 22, lignes 101-103 : expliquez ce que dit le Léopard à propos de leur chasse.

4 Page 19, lignes 36-37 : expliquez les accords des participes passés.

5 Page 27, ligne 5, « tout neuf » : expliquez cette expression qui qualifie l'Éléphant.

6 Page 31, ligne 111, « il versa des larmes de Crocodile » : expliquez ce que veut dire cette phrase dans ce contexte en vous appuyant sur le sens que cette expression a d'ordinaire.

7 Page 34 : le Python, qui a aidé l'Enfant d'Éléphant à échapper au Crocodile, annonce rapidement que ce nouveau nez sera très vite apprécié de son propriétaire. Quelle est la phrase qui le prouve ?

8 Page 38 : l'Enfant d'Éléphant est réfléchi et il n'agit pas à la légère ; s'il se venge de ceux qui l'ont frappé, il sait également se montrer reconnaissant. Trouvez-en la preuve.

Écrire

9 Racontez, dans un texte d'une dizaine de lignes, votre première « rencontre » impressionnante avec un animal d'Afrique. Cela peut être lié à une expérience personnelle de différents types : un voyage sur ce continent, une visite dans un zoo, un documentaire vu à la télévision, un film vu au cinéma ou à la télévision... Vous présenterez ce qui vous a tout d'abord étonné et ce qui vous a intéressé ou effrayé.

10 Les animaux africains souffrent beaucoup de la chasse et de nombreuses espèces sont menacées, ou même en voie d'extinction. Rédigez au moins deux paragraphes (une dizaine de lignes), dans lesquels vous tâcherez de convaincre vos lecteurs qu'il faut protéger ces êtres vivants pour l'avenir de la planète. Prenez des exemples précis d'espèces concernées.

Oral

11 Présentez à vos camarades l'expérience évoquée à la question 9. Vous serez attentif à adapter votre discours. Vous devrez parler correctement, mais sans lire votre texte.

Chercher

12 Un auteur français a parlé à plusieurs reprises de la chasse outrancière des éléphants en Afrique. Il a dénoncé, à son époque déjà, ces excès et les conséquences qu'ils ont sur l'écosystème. Qui est cet auteur dont le premier roman publié raconte un voyage en ballon au-dessus du continent africain ?

13 Faites quelques recherches biographiques concernant Rudyard Kipling. Vous vous attacherez à montrer d'où lui est venu son goût pour les voyages et les pays lointains.

À SAVOIR

LES ACCORDS DU PARTICIPE PASSÉ

Le participe passé des verbes est utilisé : avec un **verbe conjugué** à une forme composée ou avec l'auxiliaire *être* ou un verbe d'état comme s'il était un **adjectif qualificatif** ou encore **avec un nom qu'il qualifie**. Dans chaque cas, il suit des règles d'accord précises.

• Lorsqu'il est utilisé avec un nom comme un adjectif qualificatif, **il s'accorde en genre et en nombre avec le nom** auquel il se rapporte : « enroulé autour d'un rocher » qualifie « un Serpent-Python-Bicolore-de-Rocher » (ligne 65, page 29).

• Lorsqu'il est utilisé avec l'auxiliaire *être* ou un verbe d'état comme un adjectif qualificatif, **il s'accorde en genre et en nombre avec le sujet du verbe** : « mon nez est vilainement déformé » (lignes 173-174, page 34).

• Lorsqu'il est conjugué avec l'auxiliaire *être* dans une forme composée ou dans une voix passive, **il s'accorde également avec le sujet** : « où étaient passés *leurs dîners, leurs déjeuners et leurs goûters* » (lignes 43-44, page 20). Dans cette phrase, les sujets en italique sont inversés, mais l'accord se fait obligatoirement.

• Lorsqu'il est conjugué avec l'auxiliaire *avoir* dans une forme composée, **il ne s'accorde jamais avec le sujet** : « mais les boutons avaient sauté… » (ligne 74, page 17). Toutefois, **il s'accorde avec le COD quand celui-ci est placé avant l'auxiliaire** : « nous les avons chassés » (ligne 86, page 21). Dans ce dernier exemple, le participe passé ne s'accorde pas avec le sujet, mais avec le COD « les » qui reprend la girafe et le zèbre.

Lire

1 En vous appuyant sur l'encadré *À savoir* ci-contre, choisissez un des contes de cette étape et donnez-en le schéma narratif.

2 Dans *La Baleine et son gosier*, prouvez, grâce à deux formules, que ce texte est bien un conte.

3 On peut dire que *La Baleine et son gosier* a deux fins. Pourquoi ? Appuyez-vous sur la question précédente pour répondre.

4 Page 40, ligne 34, « ce chat de lapin ? » : expliquez ce que veut dire Dingo par cette phrase.

5 Une question oratoire est une question à laquelle on n'attend pas de réponse parce qu'elle est impossible à donner ou trop évidente. Page 43, cherchez une question de ce type et justifiez votre réponse.

6 Page 47 : un mot utilisé par le Chien nous fait comprendre quelles étaient les relations entre les hommes et les animaux au temps où ils étaient tous sauvages. Quel est ce mot, selon vous ?

7 Cherchez trois exemples d'onomatopées dans le conte *Le Chat qui s'en va tout seul* et dites à chaque fois à quoi elles correspondent.

8 Page 60 : pourquoi y a-t-il un saut entre les lignes 368 et 369 ? À quoi cela correspond-il ?

Écrire

9 Pages 50-51, lignes 134-142 : récrivez ces lignes en mettant « Vache Sauvage » et « Chat » au pluriel. Vous ferez toutes les transformations nécessaires.

10 Amusez-vous à inventer une histoire dans laquelle vous ferez se rencontrer deux animaux appartenant à deux contes différents : le Kangourou et le Chat, ou l'Éléphant et le Léopard... Vous raconterez leur premier contact en utilisant de la narration, de la description et/ou du dialogue.

11 Écrivez un résumé du conte de votre choix en une dizaine de lignes. Vous veillerez à conserver tous les éléments importants et à garder l'ordre chronologique.

Oral

12 Apprenez les dix premières lignes du conte de votre choix et récitez-les en étant attentif à mettre le ton.

Chercher

13 Rudyard Kipling a écrit un recueil de nouvelles dont l'action se passe également dans un pays lointain et exotique. Le personnage le plus connu de ce recueil s'appelle Mowgli. Quel est le titre de ce livre ? Où l'action se déroule-t-elle et en quelle année a-t-il été publié ?

14 Un personnage de la Bible est resté prisonnier dans le ventre d'une baleine. Cherchez son nom et ce qui lui est arrivé.

15 Cherchez une fable de Jean de La Fontaine dans laquelle une jeune souris essaie de séduire un vieux chat pour qu'il la laisse vivre. Que pensez-vous de la morale de cette fable ?

À SAVOIR

LE SCHÉMA NARRATIF

Les contes sont construits selon un schéma précis, qui suit **cinq étapes** définies :

1. la situation initiale
2. l'élément perturbateur (ou le bouleversement)
3. les péripéties
4. le retour à l'équilibre (ou le dénouement)
5. la situation finale

Ces étapes permettent de suivre la progression de la narration qui, parfois, revient en arrière : après une première péripétie, il est possible de connaître un nouvel élément perturbateur. Ces cinq étapes suivent une logique.

• On découvre le personnage principal dans son environnement de tous les jours (1), puis un événement imprévu se produit qui change tout (2), il est obligé alors de faire face à cette épreuve et d'agir pour s'en sortir (3), grâce à son courage et sa volonté il réussit à régler le problème (4) et

• Les contes de Kipling suivent naturellement ce schéma : la Baleine dévore tout sur son passage (1), un petit Poisson l'envoie sur la piste d'une nouvelle nourriture : l'Homme (2), la Baleine dévore l'Homme mais il lui rend la vie infernale (3), elle doit se débarrasser de lui (4) et finalement, elle ne peut plus manger que des tout petits êtres (5).

• Lorsque vous devez écrire un conte, il faut toujours vous appuyer sur ce schéma narratif ; même si vous ne devez écrire que le début ou la fin, n'oubliez jamais de vous demander ce qui se passerait pour les étapes intermédiaires afin de ne pas tout mélanger dans votre rédaction.

L'ÉLÉPHANT EN LITTÉRATURE

L'Enfant d'Éléphant n'est pas le seul conte à avoir mis en valeur dans la littérature ce mammifère étonnant, découvert par les Européens avec les premières grandes expéditions (depuis l'Antiquité, époque à laquelle ces animaux étaient utilisés pour la guerre le plus souvent ; on pense à Hannibal Barca même si le rôle dans sa traversée des Alpes a toujours été exagéré). Ainsi, au XIXe siècle déjà, des romans et des poèmes le mettaient à l'honneur. Dans ces textes, on comprend parfaitement quelle fascination cet animal exerçait alors sur les lecteurs, non seulement par sa masse énorme puisqu'aucun animal de cette taille n'existe en Europe, mais aussi par le pouvoir que lui procure sa force et par l'intelligence qu'on lui prête volontiers (ne dit-on pas avoir une mémoire d'éléphant ?).

Charles-Marie Leconte de Lisle (1818-1894)

« Les Éléphants », in *Poèmes barbares*, 1862.

Dans ce poème, Leconte de Lisle présente une horde d'éléphants, véritable montagne vivante modifiant l'apparence du paysage qu'elle traverse. Ces éléphants suivent leur chef qui les ramène au pays, comme une armée de soldats reviendrait avec cœur à la maison, derrière le chef qui l'a toujours guidée.

Le sable rouge est comme une mer sans limite,
Et qui flambe, muette, affaissée en son lit.
Une ondulation immobile remplit
L'horizon aux vapeurs de cuivre où l'homme habite.

Nulle vie et nul bruit. Tous les lions repus
Dorment au fond de l'antre éloigné de cent lieues,
Et la girafe boit dans les fontaines bleues,
Là-bas, sous les dattiers des panthères connus.

Pas un oiseau ne passe en fouettant de son aile
L'air épais, où circule un immense soleil.
Parfois quelque boa, chauffé dans son sommeil,
Fait onduler son dos dont l'écaille étincelle.

Tel l'espace enflammé brûle sous les cieux clairs ;
Mais, tandis que tout dort aux mornes solitudes,
Les éléphants rugueux, voyageurs lents et rudes,
Vont au pays natal à travers les déserts.

D'un point de l'horizon, comme des masses brunes,
Ils viennent, soulevant la poussière, et l'on voit,
Pour ne point dévier du chemin le plus droit,
Sous leur pied large et sûr crouler au loin les dunes.

Celui qui tient la tête est un vieux chef. Son corps
Est gercé comme un tronc que le temps ronge et mine ;
Sa tête est comme un roc, et l'arc de son échine
Se voûte puissamment à ses moindres efforts.

Sans ralentir jamais et sans hâter sa marche,
Il guide au but certain ses compagnons poudreux ;
Et, creusant par derrière un sillon sablonneux,
Les pèlerins massifs suivent leur patriarche.

L'oreille en éventail, la trompe entre les dents,
Ils cheminent, l'œil clos. Leur ventre bat et fume,
Et leur sueur dans l'air embrasé monte en brume ;
Et bourdonnent autour mille insectes ardents.

Mais qu'importent la soif et la mouche vorace,
Et le soleil cuisant leur dos noir et plissé ?
Ils rêvent en marchant du pays délaissé,
Des forêts de figuiers où s'abrita leur race.

Ils reverront le fleuve échappé des grands monts,
Où nage en mugissant l'hippopotame énorme ;
Où, blanchis par la Lune et projetant leur forme,
Ils descendaient pour boire en écrasant les joncs.

Aussi, pleins de courage et de lenteur, ils passent
Comme une ligne noire, au sable illimité ;
Et le désert reprend son immobilité
Quand les lourds voyageurs à l'horizon s'effacent.

Jules Verne (1828-1905)

Chapitre XI, « Où Phileas Fogg achète une monture à un prix fabuleux », in *Le Tour du monde en 80 jours*, 1873.

Dans ce roman, sans doute le plus célèbre de Jules Verne, le personnage principal, Phileas Fogg, doit faire le tour du monde en 80 jours afin de gagner un pari. Or, alors qu'il traverse l'Inde, il découvre que la voie ferrée annoncée comme terminée n'est, en réalité, pas complètement achevée. Son domestique

Passepartout se rend alors utile et lui trouve un autre moyen de locomotion : Kiouni, un éléphant.

[...]

Cinq minutes plus tard, Phileas Fogg, sir Francis Cromarty et Passepartout arrivaient près d'une hutte qui attenait[1] à un enclos fermé de hautes palissades. Dans la hutte, il y avait un Indien, et dans l'enclos, un éléphant. Sur leur demande, l'Indien introduisit Mr. Fogg et ses deux compagnons dans l'enclos.

Là, ils se trouvèrent en présence d'un animal, à demi domestiqué, que son propriétaire élevait, non pour en faire une bête de somme, mais une bête de combat. Dans ce but, il avait commencé à modifier le caractère naturellement doux de l'animal, de façon à le conduire graduellement à ce paroxysme[2] de rage appelé « mutsh » dans la langue indoue, et cela, en le nourrissant pendant trois mois de sucre et de beurre. Ce traitement peut paraître impropre à donner un tel résultat, mais il n'en est pas moins employé avec succès par les éleveurs. Très heureusement pour Mr. Fogg, l'éléphant en question venait à peine d'être mis à ce régime, et le « mutsh » ne s'était point encore déclaré.

Kiouni — c'était le nom de la bête — pouvait, comme tous ses congénères[3], fournir pendant longtemps une marche rapide, et, à défaut d'autre monture, Phileas Fogg résolut de l'employer.

Mais les éléphants sont chers dans l'Inde, où ils commencent à devenir rares. Les mâles, qui seuls conviennent aux luttes des cirques, sont extrêmement recherchés. Ces animaux ne se reproduisent que rarement, quand ils sont réduits à l'état de domesticité, de telle sorte qu'on ne peut s'en procurer que par la chasse. Aussi sont-ils l'objet de soins extrêmes, et

---

1. Était située à côté de.
2. Le plus haut degré.
3. Autres animaux de la même espèce.

lorsque Mr. Fogg demanda à l'Indien s'il voulait lui louer son éléphant, l'Indien refusa net.

Fogg insista et offrit de la bête un prix excessif, dix livres (250 fr.) l'heure. Refus. Vingt livres ? Refus encore. Quarante livres ? Refus toujours. Passepartout bondissait à chaque surenchère. Mais l'Indien ne se laissait pas tenter.

La somme était belle, cependant. En admettant que l'éléphant employât quinze heures à se rendre à Allahabad, c'était six cents livres (15 000 fr.) qu'il rapporterait à son propriétaire.

Phileas Fogg, sans s'animer en aucune façon, proposa alors à l'Indien de lui acheter sa bête et lui en offrit tout d'abord mille livres (25 000 fr.).

L'Indien ne voulait pas vendre ! Peut-être le drôle flairait-il une magnifique affaire.

Sir Francis Cromarty prit Mr. Fogg à part et l'engagea à réfléchir avant d'aller plus loin. Phileas Fogg répondit à son compagnon qu'il n'avait pas l'habitude d'agir sans réflexion, qu'il s'agissait en fin de compte d'un pari de vingt mille livres, que cet éléphant lui était nécessaire, et que, dût-il le payer vingt fois sa valeur, il aurait cet éléphant.

Mr. Fogg revint trouver l'Indien, dont les petits yeux, allumés par la convoitise, laissaient bien voir que pour lui ce n'était qu'une question de prix. Phileas Fogg offrit successivement douze cents livres, puis quinze cents, puis dix-huit cents, enfin deux mille (50 000 fr.). Passepartout, si rouge d'ordinaire, était pâle d'émotion.

À deux mille livres, l'Indien se rendit.

« Par mes babouches , s'écria Passepartout, voilà qui met à un beau prix la viande d'éléphant ! »

[...]

Rudyard Kipling (1865-1936)

« Toomai des éléphants », in *Le Livre de la jungle*, 1894, traduction de Louis Fabulet et Robert d'Humières, 1899.

Dans *Le Livre de la jungle*, dont le personnage le plus célèbre est Mowgli, Rudyard Kipling présente les animaux de l'Inde qu'il a connus dans sa jeunesse. Parmi les animaux incroyables de la forêt indienne, on compte les éléphants. Et si ceux d'Asie ne jouissent pas d'une réputation identique à celle de leurs congénères d'Afrique, il faut reconnaître que le portrait peint par Kipling de Kala Nag est pourtant pour le moins impressionnant.

[...]

Kala Nag – autrement dit Serpent Noir – avait servi le Gouvernement de l'Inde, de toutes les manières dont un éléphant peut servir, pendant quarante-sept années ; et, comme il avait au moins vingt ans lors de sa prise, cela lui faisait environ soixante-dix ans à cette heure, l'âge mûr des éléphants.

Il se souvenait d'avoir, un gros bourrelet de cuir attaché sur le front, poussé pour dégager un canon enlisé dans la boue profonde ; et c'était avant la guerre afghane de 1842, alors qu'il n'avait pas encore atteint la plénitude de sa force. Sa mère, Radha Pyari – Radha la favorite – prise dans la même chasse que lui, n'avait pas manqué de lui dire, avant que ses petites dents, ses défenses de lait, fussent tombées : « Les éléphants qui ont peur attrapent toujours du mal » ; et Kala Nag connut l'avis pour sage, car, la première fois qu'il vit un obus éclater, il recula en criant, creva une rangée de faisceaux, et les baïonnettes le piquèrent dans ses parties les plus tendres. Aussi, ses vingt-cinq ans sonnés, était-ce fini pour

lui d'avoir peur et devint-il par là même l'éléphant le plus choyé et le mieux pansé[1] dans le service du Gouvernement de l'Inde. [...] Il avait vu ses camarades éléphants mourir de froid, d'épilepsie, de faim et d'insolation dans un endroit appelé Ali Musjid, dix ans plus tard ; quelques mois après, envoyé à des milliers de milles dans le Sud, il traînait et empilait de grosses poutres en bois de teck, aux chantiers de Moulmein. Là, il tuait à moitié un jeune éléphant insubordonné qui voulait esquiver sa juste part de travail. Après quoi, quittant le transport des bois de charpente, il s'était vu employer, avec quelques douzaines de compagnons dressés à cette besogne, à la capture des éléphants sauvages dans les montagnes de Garo.

Les éléphants, le Gouvernement de l'Inde y veille avec un soin jaloux : il y a un service tout entier qui ne s'occupe que de les traquer, de les prendre, de les dompter, et de les distribuer d'un bout du pays à l'autre suivant les besoins et les tâches.

Kala Nag, debout, mesurait dix bons pieds aux épaules ; ses défenses avaient été rognées[2] à cinq pieds et, pour les empêcher de se fendre, leurs extrémités étaient renforcées de bracelets de cuivre ; mais il savait se servir de ces tronçons[3] mieux qu'un éléphant non dressé de ses vraies défenses aiguës. Quand, après d'interminables semaines passées à rabattre avec précaution les éléphants épais dans les montagnes, les quarante ou cinquante monstres sauvages étaient poussés dans la dernière enceinte, et que la grosse herse[4], faite de troncs d'arbres liés, retombait avec fracas derrière eux, Kala Nag, au premier commandement, pénétrait dans ce pandémonium de feux et de barrissements (c'était à la nuit close, en général, et la lumière vacillante des torches rendait malaisé de juger les distances) : il choisissait dans toute la bande le plus farouche des porte-

1. Frotté, entretenu.
2. Ici, coupées.
3. Ici, parties amputées.
4. Grille.

défenses, puis le martelait et le bousculait jusqu'à le réduire au calme, tandis que les hommes, montés sur le dos des autres éléphants, jetaient des nœuds coulants sur les plus petits et les attachaient.

[…]

BIBLIOGRAPHIE

• Œuvres de Rudyard Kipling

Romans

Capitaines courageux, 1897.
Kim, 1901.

Nouvelles

L'Homme qui voulut être roi, 1888.
Les Handicaps de la vie (recueil), 1891.
Le Livre de la jungle (recueil), 1894.
Le Second Livre de la jungle, 1895.

• Sur Rudyard Kipling

Rudyard Kipling, Marcel Brion, éditions de la Nouvelle Revue Critique, 1929.
Kipling, Charles Zorgbibe, éditions de Fallois, 2010.

FILMOGRAPHIE

Le Livre de la jungle, Zoltan Korda, avec Sabu, 1942.
Le Livre de la jungle, produit par les studios Disney, 1967.
Le Livre de la jungle, Stephen Sommers, librement adapté, 1994.
Capitaines courageux, Victor Fleming, 1937.
L'Homme qui voulut être roi, John Huston, avec Sean Connery et Michael Caine, 1975.

INTERNET

http://fr.wikipedia.org/wiki/Rudyard_Kipling
http://www.kipling.org.uk/kip_fra.htm : site entièrement consacré à Rudyard Kipling, en anglais.

À VISITER

Maison de Rudyard Kipling
43 Villiers Street
City of Westminster
Londres

Classiques & Contemporains

SÉRIE « LES GRANDS CONTEMPORAINS PRÉSENTENT »

D. Daeninckx présente *21 récits policiers*
L. Gaudé présente *13 extraits de tragédies*
A. Nothomb présente *20 récits de soi*
K. Pancol présente *21 textes sur le sentiment amoureux*
É.-E. Schmitt présente *13 récits d'enfance et d'adolescence*
B. Werber présente *20 récits d'anticipation et de science-fiction*

Adam, *Je vais bien, ne t'en fais pas*
Alain-Fournier, *Le Grand Meaulnes*
Anouilh, *L'Hurluberlu – Pièce grinçante*
Anouilh, *Pièces roses*
Anouilh, *La Répétition ou l'Amour puni*
Balzac, *La Bourse*
Balzac, *Sarrasine*
Barbara, *L'Assassinat du Pont-Rouge*
Begag, *Salam Ouessant*
Bégaudeau, *Le Problème*
Ben Jelloun, Chedid, Desplechin, Ernaux, *Récits d'enfance*
Benoit, *L'Atlantide*
Boccace, Poe, James, Boyle, etc., *Nouvelles du fléau*
Boisset, *Le Grimoire d'Arkandias*
Boisset, *Nicostratos*
Braun (avec S. Guinoiseau), *Personne ne m'aurait cru, alors je me suis tu*
Brontë, *L'Hôtel Stancliffe*
Calvino, *Le Vicomte pourfendu*
Chaine, *Mémoires d'un rat*
Colette, *Claudine à l'école*
Conan Doyle, *Le Monde perdu*
Conan Doyle, *Trois Aventures de Sherlock Holmes*
Corneille, *Le Menteur*
Corneille, *Médée*
Cossery, *Les Hommes oubliés de Dieu*
Coulon, *Le roi n'a pas sommeil*
Courteline, *La Cruche*
Daeninckx, *Cannibale*
Daeninckx, *Histoire et faux-semblants*
Daeninckx, *L'Espoir en contrebande*
Dahl, Bradbury, Borges, Brown, *Nouvelles à chute 2*
Daudet, *Contes choisis*
Defoe, *Robinson Crusoé*
Diderot, *Supplément au Voyage de Bougainville*
Dorgelès, *Les Croix de bois*
Dostoïevski, *Carnets du sous-sol*
Du Maurier, *Les Oiseaux et deux autres nouvelles*
Du Maurier, *Rebecca*
Dubillard, Gripari, Grumberg, Tardieu, *Courtes pièces à lire et à jouer*

Dumas, *La Dame pâle*
Dumas, *Le Bagnard de l'Opéra*
Feydeau, *Dormez, je le veux!*
Fioretto, *Et si c'était niais? – Pastiches contemporains*
Flaubert, *Lettres à Louise Colet*
Gaudé, *La Mort du roi Tsongor*
Gaudé, *Médée Kali*
Gaudé, *Salina*
Gaudé, *Voyages en terres inconnues – Deux récits sidérants*
Gavalda, Buzzati, Cortázar, Bourgeyx, Kassak, Mérigeau, *Nouvelles à chute*
Germain, *Magnus*
Giraudoux, *La guerre de Troie n'aura pas lieu*
Giraudoux, *Ondine*
Gripari, *Contes de la rue Broca et de la Folie-Méricourt*
Higgins Clark, *La Nuit du renard*
Higgins Clark, *Le Billet gagnant et deux autres nouvelles*
Highsmith, Poe, Maupassant, Daudet, *Nouvelles animalières*
Hoffmann, *L'Homme au sable*
Hoffmann, *Mademoiselle de Scudéry*
Huch, *Le Dernier Été*
Hugo, *Claude Gueux*
Hugo, *Théâtre en liberté*
Ionesco, *Rhinocéros et deux autres nouvelles*
Irving, *Faut-il sauver Piggy Sneed ?*
Jacq, *La Fiancée du Nil*
Jarry, *Ubu roi*
Johnson, *La Colline des potences*
Kafka, *La Métamorphose*
Kamanda, *Les Contes du Griot*
King, *Cette impression qui n'a de nom qu'en français et trois autres nouvelles*
King, *La Cadillac de Dolan*
Kipling, *Histoires comme ça*
Kipling, *Le Livre de la jungle*
Klotz, *Killer Kid*
Leblanc, *Arsène Lupin, gentleman-cambrioleur*
Leroux, *Le Mystère de la chambre jaune*
Lewis, *Pourquoi j'ai mangé mon père*
London, *Construire un feu*
London, *L'Appel de la forêt*
Loti, *Le Roman d'un enfant*
Lowery, *La Cicatrice*
Maran, *Batouala*
Marivaux, *La Colonie* suivi de *L'Île des esclaves*
Maupassant, *Les Dimanches d'un bourgeois de Paris*
Mérimée, *Tamango*
Michalik, *Edmond*
Molière, *Dom Juan*
Molière, *George Dandin*
Molière, *Le Sicilien ou l'Amour peintre*
Murakami, *L'éléphant s'évapore* suivi du *Nain qui danse*

Musset, *Lorenzaccio*
Némirovsky, *Jézabel*
Nothomb, *Acide sulfurique*
Nothomb, *Barbe bleue*
Nothomb, *Les Combustibles*
Nothomb, *Métaphysique des tubes*
Nothomb, *Péplum*
Nothomb, *Le Sabotage amoureux*
Nothomb, *Stupeur et Tremblements*
Pergaud, *La Guerre des boutons*
Perrault, Mme d'Aulnoy, etc., *Contes merveilleux*
Petan, *Le Procès du loup*
Poe, Gautier, Maupassant, Gogol, *Nouvelles fantastiques*
Pons, *Délicieuses frayeurs*
Pouchkine, *La Dame de pique*
Reboux et Muller, *À la manière de...*
Renard, *Huit jours à la campagne*
Renard, *Poil de Carotte* (comédie en un acte), suivi de *La Bigote* (comédie en deux actes)
Reza, *« Art »*
Reza, *Le Dieu du carnage*
Reza, *Trois versions de la vie*
Ribes, *Trois pièces facétieuses*
Riel, *La Vierge froide et autres racontars*
Rouquette, *Médée*
Sand, *Marianne*
Schmitt, *Crime parfait et Les Mauvaises Lectures – Deux nouvelles à chute*
Schmitt, *L'Enfant de Noé*
Schmitt, *Hôtel des deux mondes*
Schmitt, *Le Joueur d'échecs*
Schmitt, *Milarepa*
Schmitt, *Monsieur Ibrahim et les fleurs du Coran*
Schmitt, *La Nuit de Valognes*
Schmitt, *Oscar et la dame rose*
Schmitt, *Ulysse from Bagdad*
Schmitt, *Vingt-quatre heures de la vie d'une femme*
Schmitt, *Le Visiteur*
Sévigné, Diderot, Voltaire, Sand, *Lettres choisies*
Signol, *La Grande Île*
Stendhal, *Vanina Vanini*
Stevenson, *Le Cas étrange du Dr Jekyll et de M. Hyde*
t'Serstevens, *Taïa*
Uhlman, *La Lettre de Conrad*
van Cauwelaert, *Cheyenne*
Vargas, *Debout les morts*
Vargas, *L'Homme à l'envers*
Vargas, *L'Homme aux cercles bleus*
Vargas, *Pars vite et reviens tard*
Vercel, *Capitaine Conan*
Vercors, *Le Silence de la mer*
Vercors, *Zoo ou l'assassin philanthrope*
Verne, *Sans dessus dessous*
Voltaire, *L'Ingénu*

Wells, *La Machine à explorer le temps*
Werth, *33 Jours*
Wilde, *Le Crime de Lord Arthur Savile*
Zola, *Thérèse Raquin*
Zweig, *Le Joueur d'échecs*
Zweig, *Lettre d'une inconnue*
Zweig, *Vingt-quatre heures de la vie d'une femme*

Recueils et anonymes

90 poèmes classiques et contemporains
Ceci n'est pas un conte et autres contes excentriques du XVIIIe siècle
Ces objets qui nous envahissent : objets cultes, culte des objets (anthologie BTS)
Cette part de rêve que chacun porte en soi (anthologie BTS)
Contes populaires de Palestine
Histoires vraies – Le Fait divers dans la presse du XVIe au XXIe siècle
Informer, s'informer, déformer ?
Initiation à la poésie du Moyen Âge à nos jours
Je me souviens (anthologie BTS)
La Dernière Lettre – Paroles de Résistants fusillés en France (1941–1944)
La Farce de Maître Pierre Pathelin
Poèmes engagés
La Presse dans tous ses états – Lire les journaux du XVIIe au XXIe siècle
La Résistance en poésie – Des poèmes pour résister
La Résistance en prose – Des mots pour résister
Les Aventures extraordinaires d'Adèle Blanc-Sec
Les Grands Textes du Moyen Âge et du XVIe siècle
Les Grands Textes fondateurs
Nouvelles francophones
Pourquoi aller vers l'inconnu ? – 16 récits d'aventures
Sorcières, génies et autres monstres – 8 contes merveilleux

SÉRIE BANDE DESSINÉE (en coédition avec Casterman)

Beuriot et Richelle, *Amours fragiles – Le Dernier Printemps*
Bilal et Christin, *Les Phalanges de l'Ordre noir*
Comès, *Silence*
Ferrandez et Benacquista, *L'Outremangeur*
Franquin, *Idées noires*
Manchette et Tardi, *Griffu*
Martin, *Alix – L'Enfant grec*
Pagnol et Ferrandez, *L'Eau des collines – Jean de Florette*
Pratt, *Corto Maltese – La Jeunesse de Corto*
Pratt, *Saint-Exupéry – Le Dernier Vol*
Stevenson, Pratt et Milani, *L'Île au trésor*
Tardi et Daeninckx, *Le Der des ders*
Tardi, *Adèle Blanc-sec – Adèle et la Bête*
Tardi, *Adèle Blanc-sec – Le Démon de la Tour Eiffel*
Tardi, *Adieu Brindavoine* suivi de *La Fleur au fusil*
Tito, *Soledad – La Mémoire blessée*
Tito, *Tendre banlieue – Appel au calme*
Utsumi et Taniguchi, *L'Orme du Caucase*
Wagner et Seiter, *Mysteries – Seule contre la loi*

Couverture
Conception graphique : Marie-Astrid Bailly-Maître
Illustration : Rudyard Kipling

Intérieur
Conception graphique : Marie-Astrid Bailly-Maître
Édition : Claire Le Cam
Réalisation : Nord Compo, Villeneuve-d'Ascq

Aux termes du Code de la propriété intellectuelle, « toute reproduction ou représentation intégrale ou partielle de la présente publication, faite par quelque procédé que ce soit (reprographie, microfilmage, scannérisation, numérisation...) sans le consentement de l'auteur ou de ses ayants droit ou ayants cause, est illicite et constitue une contrefaçon sanctionnée par les articles L.335-2 et suivants du Code de la propriété intellectuelle ».
L'autorisation d'effectuer des reproductions par reprographie doit être obtenue auprès du Centre français d'exploitation du droit de copie (CFC) – 20, rue des Grands-Augustins – 75006 PARIS – Tél. : 01 44 07 47 70 – Fax : 01 46 34 67 19.

© Éditions Magnard, 2013, pour la présentation, les notes, les questions et l'après-texte.

www.magnard.fr
www.classiquesetcontemporains.com

Achevé d'imprimer en 2013
par XXXX
N° éditeur : XXXXX
Dépôt légal : mai 2013

IMPRIM'VERT
Votre imprimeur agit pour l'environnement

Achevé d'imprimer en juillet 2018
par «La Tipografica Varese Srl» en Italie
N° éditeur : 2018-0629
Dépôt légal : mai 2013

Certifié PEFC
Ce produit est issu de forêts gérées durablement et de sources contrôlées
PEFC
PEFC/18-31-264
www.pefc-france.org